Curso completo de acuarela

Curso completo de acuarela

JOHN RAYNES

BLUME

Título original:
The Complete Watercolour Course

Traducción:
Manuel Pijoan Rotgé

**Revisión técnica de la edición
en lengua española:**
Beatriz Orellana Carreño
Pintora

**Coordinación de la edición
en lengua española:**
Cristina Rodríguez Fischer

Primera edición en lengua española 2006

© Naturart, S.A. Editado por BLUME
Av. Mare de Déu de Lorda, 20
08034 Barcelona
Tel. 93 205 40 00   Fax 93 205 14 41
E-mail: info@blume.net
© 2002 Collins and Brown Limited, Londres
© 2002 del texto y de las ilustraciones John Raynes

I.S.B.N.: 84-8076-647-6

Impreso en Singapur

Todos los derechos reservados. Queda prohibida
la reproducción total o parcial de esta obra,
sea por medios mecánicos o electrónicos,
sin la debida autorización por escrito del editor.

CONSULTE EL CATÁLOGO DE PUBLICACIONES ON LINE
INTERNET: HTTP://WWW.BLUME.NET

Contenido

Introducción	6		

CÓMO SACAR EL MEJOR PROVECHO DE LA ACUARELA — 10

MATERIALES
Pinturas — 12
Pinturas al agua opacas — 16
Superficies — 17
Pinceles — 20
Lápices y plumas — 22
Accesorios para las acuarelas — 24

CONCEPTOS BÁSICOS
Aguadas — 26
Húmedo sobre húmedo — 28
Superposición de colores — 30

VALORES TONALES
Aprender a ver los tonos — 34
Crear un efecto tridimensional con los tonos — 36
Modelos redondeados — 38

COLOR
Teoría del color — 40
Mezclar colores — 42
Superponer colores — 44
Mezcla óptica de colores — 46

COMPOSICIÓN
Componer con el color — 48
Equilibrio — 50

LÍNEAS Y AGUADAS
Dibujo y pintura combinados — 52

MÁSCARAS Y RESERVAS
Tipos de máscaras — 56
Hierba y pintura desconchada — 58
Texturas y aditivos — 60

GOUACHE Y TÉCNICA MIXTA
Colores opacos — 62
Techos de tejas — 64

PINTAR CUADROS CON ACUARELAS — 66

NATURALEZAS MUERTAS
Bodegones de frutas y vegetales — 68
Vidrio y conchas — 72
Truchas con almendras — 76

FLORES
Estudio de un tulipán — 80
Flores en un jarrón de vidrio — 84

ANIMALES
Estudio de insectos — 88
Gato atigrado — 90

CIELOS
Nubes — 94
Cielos tormentosos — 96
Los colores del cielo — 98

PAISAJES
Paisaje abierto — 100
Escena fluvial — 104
Perfilar un paisaje — 108
Alcornocal — 112

MARINAS
Mar y acantilados — 116
Formas y dibujos en las playas — 118

EDIFICIOS
Abadía en ruinas — 122
Paisaje urbano moderno — 126
Interiores en líneas y aguadas — 130

PERSONAS
Retrato de cabeza y hombros — 134
Retrato de grupo — 138

PINTAR A PARTIR DE FOTOGRAFÍAS
Interpretar la escena — 142

FRANQUEAR LOS LÍMITES
Métodos alternativos — 148
Collage de terreno arbolado — 150

RECUPERAR CAUSAS PERDIDAS — 154

ÍNDICE — 158
AGRADECIMIENTOS — 160

Introducción

La acuarela es una técnica antigua, mucho más que la pintura al óleo. Desde las pinturas de las cavernas y las de las paredes del antiguo Egipto, pasando por las pinturas sobre papel de arroz o de seda de China, Japón o India, los manuscritos iluminados y los frescos del Renacimiento, el agua, mezclada con goma arábiga, cera o temple al huevo, fue el medio de pintura universal.

Pero en la Europa de principios del siglo XVIII, la pintura a la acuarela como forma artística se había olvidado casi por completo en favor de la mucho más dominante pintura al óleo. La acuarela, en el sentido que se le da al término en este libro y tal como suele entenderse y aceptarse hoy en día, empezó su singladura –o quizás deberíamos decir que fue redescubierta– en Inglaterra a principios del siglo XVIII.

Existió, en efecto, una escuela de pintura exclusivamente inglesa cuyos máximos exponentes eran Thomas Girtin, John Sell Cotman y J.M.W. Turner. No estoy sugiriendo que estos tres pintores trabajaran juntos, aunque Turner y Girtin sí estudiaron juntos durante un tiempo, cuando se estaban formando como artistas topográficos. Lo que les unía era el amor por el paisaje real, en oposición a las vistas formales o románticamente idealizadas que habían prevalecido hasta entonces, y los tres utilizaban transparentes acuarelas para expresar la atmósfera y la luz reales. Pese a compartir su entusiasmo por una nueva visión natural, sus estilos eran muy diferentes y, por lo demás, el destino acabaría deparando mayor fama a Turner y a Cotman que a Girtin.

El enfoque de Turner era espectacular y se centró, cada vez más, en la representación de la luz, por encima de todo lo demás. Cotman era un artista mucho más sosegado y su técnica era más tranquila y comedida. Aunque la posteridad ha confirmado que Turner fue el más original e importante de los dos, tal vez incluso el mayor artista inglés de todos los tiempos, fue la técnica de Cotman consistente en superponer sucesivas capas de aguadas planas y translúcidas la que acabaría siendo aceptada como el estilo tradicional de la pintura a la acuarela en Occidente.

Durante el resto del siglo XVIII y ya entrado el XIX, el interés por las acuarelas aumentó en gran medida y en 1866 se fundó la Sociedad Estadou-

PUENTE GRETA
JOHN SELL COTMAN
Esta acuarela pintada en 1806 constituye un espléndido ejemplo del característico estilo de Cotman. Sus tonalidades y matices maravillosamente complejos se obtuvieron mediante la superposición de numerosas aguadas de formas simples y planas y de contornos definidos.

nidense de Acuarela, que siguió los estilos entonces en boga en Inglaterra. Más entrado el siglo, los pintores estadounidenses Winslow Homer y John Singer Sargent obtuvieron un merecido éxito con su genial e idiosincrático uso de la acuarela como medio pictórico.

Durante el siglo XX, el exponente más conocido y prestigioso en EE. UU. fue probablemente Andrew Wyeth, quien combinó de una forma maravillosa capas de pintura realizadas con toda libertad con un meticuloso empleo de las pinceladas secas.

Es a todos estos maestros a quienes dedico este tratado sobre la práctica de la acuarela.

¿Qué tiene de especial la acuarela?

Cuando uno intenta definir qué tienen de especial las pinturas a la acuarela, el factor que por encima de cualquier otro las diferencia de otros medios pictóricos es su luminosidad.

En las pinturas a la acuarela que sacan provecho de esta cualidad, el color se aplica en aguadas. Ya que éste es un término que se memciona constantemente en todo el libro, voy a intentar explicar su significado. Una aguada es una mezcla de pigmento con cierta cantidad de agua y tanto puede ser casi del todo transparente como tener una densidad de color bastante elevada.

DISEÑOS DE LUZ 1

Ésta es la primera pintura de una serie de cuatro en las que exploré los efectos de los dibujos que se proyectaban sobre la figura. Los colores se intercambiaban libremente para producir manchas que disfrazaban, y a la vez revelaban, las formas de las figuras.

COBERTIZO PARA LANA JONDARYON, QUEENSLAND, AUSTRALIA
Las líneas convergentes de los tablones de madera y el predominio de los elementos lineales fue lo que más me interesó en este magnífico edificio, ¡que se merece un mejor calificativo que el de simple cobertizo!

Por muy intenso que sea el color, la aguada se compone principalmente de agua; por lo demás, el aspecto más importante de una aguada es que, por muy pálida o fuerte que sea su pigmentación, debe ser siempre de una consistencia tal que permita hacerla flotar sobre la superficie del papel. Si su consistencia obliga a arrastrar, a puntear o a cualquier cosa que no sea hacerla flotar, ya no es una aguada.

Ésta puede dejarse fluir sobre la superficie del papel y dejar que tiña mientras fluye, o bien dejar que permanezca en el punto mismo donde se ha colocado y que el agua se evapore gradualmente hasta dejar el pigmento. El color aplicado en forma de aguada será siempre transparente o casi transparente.

Por lo general, una pintura con aguadas supone empezar con mezclas relativamente pálidas que contienen mucha agua y muy poco pigmento, esperar a que las primeras aguadas se sequen y, a continuación, cubrirlas con otras para que la cantidad total de pigmento en la combinación de capas de color vaya aumentando de forma gradual.

La luz penetra las capas de las aguadas con su color transparente, incide en la base blanca y rebota hasta el ojo del observador como si el color estuviera iluminado desde dentro. Incluso las tonalidades más oscuras conservan esta cualidad translúcida, compuestas como están por muchas capas sucesivas de aguadas, cada una de las cuales obstruye un poco más el paso de la luz reflejada pero sin impedirlo nunca del todo. En algunos casos, estos tonos más oscuros resultan de la aplicación de diez o incluso más capas sucesivas de aguada.

Así pues, puede verse que la manera tradicional de realizar una pintura a la acuarela consiste esencialmente en ir avanzando desde la luz hacia la oscuridad. Se empieza con el blanco del papel y se van añadiendo cada vez más aguadas. Si alguna fracción del dibujo se oscurece demasiado, no hay más remedio que dejarla así, ya que no se puede retroceder. (Por supuesto, y como sucede con todas las generalizaciones, esto no es estrictamente cierto; siempre habrá maneras de recuperar una acuarela que se haya vuelto demasiado oscu-

VEZENOBRES, SUR DE FRANCIA
En este caso, el estudio que me interesó fue otro: los dibujos creados por las luces y las sombras. La combinación de superficies de intensa sombra y de obra de piedra de colores claros e intensamente iluminada por la luz solar crea unos contrastes tonales inmensamente fuertes que confieren una cualidad abstracta a esta hermosa y antigua población en pendiente.

ra, algunas más radicales que otras, pero como regla general es mejor evitar estas manipulaciones.)

Como sucede con todos los métodos de pintura, no hay reglas estrictas, pero creo que es útil saber cómo otros artistas han sacado provecho de las características únicas de la acuarela. Siempre que tenga la oportunidad, examine las obras de los maestros reconocidos de la pintura a la acuarela. Aunque también puede aprender algunas cosas en las buenas reproducciones, aprenderá mucho más si mira los originales, en los que sin duda podrá descubrir nuevas percepciones.

CHICA SENTADA
La mejor descripción de la técnica usada para crear esta imagen es la de «líneas y aguadas», ya que la mayor parte de la pose y la ropa descansan en las líneas a pluma, en tanto que las aguadas desempeñan meramente un papel complementario.

Cómo sacar el mejor provecho de la acuarela

En la introducción ya habrá caído en la cuenta de que la cualidad única de la acuarela –su transparencia– depende de una técnica muy concreta. Aunque puede argumentar que esto mismo es válido para todas las demás técnicas pictóricas, en el caso de lo que yo designo como la manera tradicional de pintar a la acuarela (que es la técnica en la que me he centrado), este aspecto es, si cabe, todavía más cierto.

Por esta razón he dedicado la primera parte de este libro a los materiales y a los distintos métodos empleados en su utilización. Encontrará aquí sugerencias sobre la gama de pinturas necesarias para hacer las aguadas de color, los pinceles que necesita para aplicarlas y las superficies sobre las que puede pintar.

También describo aquí las técnicas que le permitirán hacer el mejor uso posible de estos materiales, junto con toda una serie de ejercicios para que haga sus pruebas. Hay ejercicios consistentes en aplicar las aguadas de distintas maneras, en apreciar cómo los colores se manifiestan en forma de tonalidades, en usar reservas o en crear texturas en la obra pictórica.

Dado que cuando se describen los efectos de las capas superpuestas de aguadas de color se utilizan términos tales como temperatura de color, colores primarios y complementarios, mezclas terciarias y otros, he incluido aquí una sección sobre la teoría del color.

Aunque, como he mencionado ya, la idea clave de mis observaciones y consejos es la de pintar a partir de aguadas transparentes, también explicaré de forma somera el uso del *gouache*, es decir, una pintura en la que el agua es el medio principal, pero las aguadas son opacas, además (o en vez) de transparentes.

MATERIALES

Pinturas

Para sacar el mejor partido de la especial luminosidad que ofrece la pintura a la acuarela, es fundamental adquirir materiales de buena calidad. El primer requisito son las pinturas fabricadas con pigmentos de primera clase.

CAJA DE PINTURAS DE BOLSILLO

La mayoría de las veces utilizo una caja de pinturas que contiene 24 pastillas enteras de pigmento y que tiene unas depresiones en la tapa para mezclar las grandes aguadas, así como una superficie desplegable para las pequeñas. Sin embargo, esta pulcra versión en pequeño es muy adecuada para hacer esbozos rápidos con acuarelas al aire libre.

Las pinturas escasamente pigmentadas o las que están llenas de otras cosas además de pigmento, como las sustancias cuya finalidad es aumentar la duración, no son aconsejables. Por consiguiente, elija pinturas de buena calidad y una marca de prestigio. Las de calidad artística son siempre mejores que los colores de calidad estudiante. Son más caras, pero es mejor invertir en unos pocos colores de buena calidad que en una enorme gama de inferior calidad. Esto no quiere decir que resulte imposible encontrar colores buenos a precios más bajos; existen, pero tendrá que probar un gran número de pinturas de inferior calidad antes de descubrirlos.

La duración de los pigmentos es otro aspecto que hay que tener en cuenta, y la mayoría de los buenos fabricantes incluyen en sus pinturas alguna indicación de su duración o caducidad. Desconfíe de las pinturas que tengan en su envoltorio la palabra «laca», ya que se componen de un polvo teñido inerte en lugar de un verdadero pigmento. Evite, asimismo, las pinturas donde se mencione la palabra «matiz», ya que sólo se aproximan al color del pigmento que designan.

Si tiene alguna duda sobre la duración de una pintura, el siguiente ensayo le será de ayuda. Aplique una fuerte pincelada de color en un trozo de papel blanco, cubra parte de él con un papel negro y déjelo expuesto al sol durante una semana o dos. Cuando descubra la parte protegida por el papel negro, podrá ver de inmediato si la pintura acabará perdiendo probablemente su color con el tiempo. Con todo, ninguna pintura es totalmente resistente a la luz, de modo que es mejor colgar las pinturas a la acuarela fuera del alcance de la luz solar directa.

¿Tubos o pastillas?

Una de las primeras decisiones que tendrá que tomar es elegir entre acuarelas en tubos o en pastillas. La ventaja de las primeras es que la pintura recién salida del tubo no se ensucia por la mez-

cla accidental con los colores vecinos y presenta además una consistencia blanda, ideal para mezclarla fácilmente con agua. La desventaja es que hay que elegir la pintura, apretar el tubo contra la paleta y repetir la operación cada vez que se necesite este color. La pintura, en efecto, no puede dejarse demasiado tiempo sobre la paleta, ya que no se mezcla tan fácilmente cuando está seca.

Las pastillas, por otra parte, están disponibles al instante, todos los colores están a la vista y listos para mezclarse con agua y hacer las aguadas. Presenta, sin embargo, la desventaja de que deben mantenerse con una consistencia tal que permita recoger fácilmente el pigmento con el pincel. Una vez más, los colores de buena calidad continúan siendo maleables durante largo tiempo, mientras que los de mala calidad en seguida se secan y se contraen. Otra desventaja es que los colores adyacentes pueden entremezclarse; por ello, son preferibles las pastillas enteras que las medias.

El tipo de acuarelas que use dependerá, en última instancia, de sus preferencias personales. Yo prefiero las pastillas, sobre todo porque no soy lo bastante disciplinado como para dejar el pincel, tomar el tubo apropiado y reponer un color cada vez que lo necesito; todo este proceso le restaría inmediatez a mi trabajo.

Una vez haya elegido entre pastillas y tubos, tendrá que decidirse entre una caja o una serie de pinturas. Lo ideal es que su caja de pinturas las contenga y tenga asimismo algunas superficies o paletas para hacer las mezclas, además de dos o tres pocillos hondos para las grandes aguadas, aunque siempre puede comprar las paletas por separado si las necesita, o bien improvisar con platos y placas de loza blanca.

Acuarelas líquidas

Existen literalmente centenares de colores disponibles, y no sólo en tubos y pastillas: las acuarelas también se venden en forma líquida. Las acuarelas líquidas tienden a ser fugitivas, lo que significa que pierden color o se oscurecen con rapidez cuando se exponen a la luz. Cuando necesite un brillo especial en una aguada que tenga que ser muy diluida y con un tono muy claro, una acuarela líquida concentrada es quizás la única alternativa, pero en todo caso verifique que dicho pigmento sea razonablemente permanente.

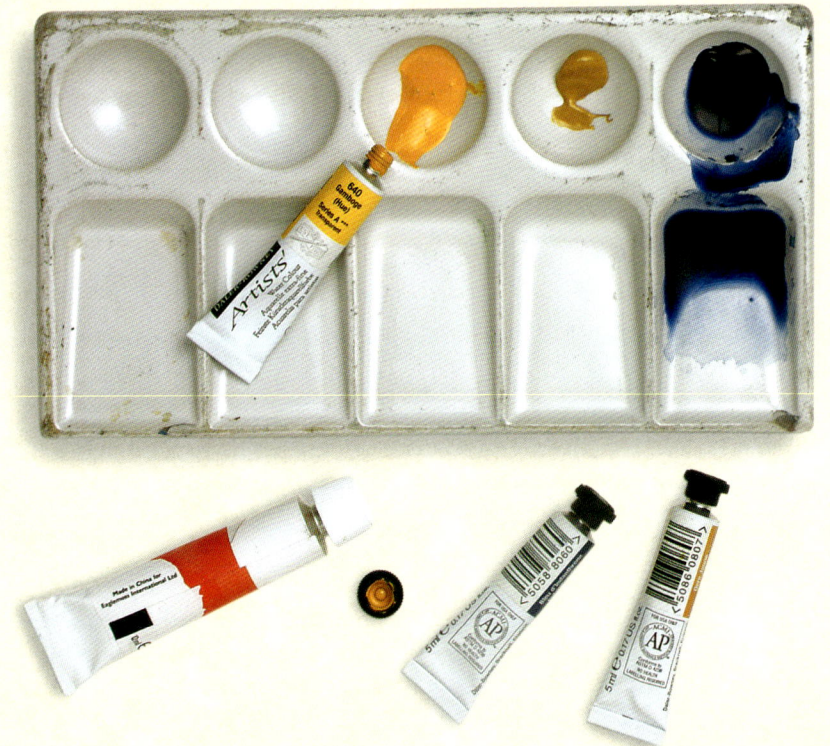

TUBOS DE ACUARELAS
Una paleta de loza con pocillos separados es un accesorio ideal para recibir y para mezclar las acuarelas extraídas de los tubos.

ACUARELAS EN BOTELLAS
Algunas acuarelas se venden en botellas equipadas con un cuentagotas. Son especialmente útiles si el pigmento es muy concentrado y hay que diluirlas muy bien en la paleta.

Elección de los colores

Sobre todo cuando uno se inicia en la pintura a la acuarela, no es necesario tener una extensa gama de colores. Algunos pintores incluso llegan a limitarse a una gama de apenas cuatro o cinco, argumentando que las buenas armonías sólo se consiguen con una paleta limitada; es posible que tengan razón y, si usted cree que se adapta a su manera de trabajar, no se lo discutiré. Sin embargo, si lo que pretende es poder reproducir cualquier color que vea, necesitará unos pocos pigmentos más, quizás ocho como mínimo.

Si empieza por el extremo rojo del espectro, para conseguir tonos rosas que sean fríos y transparentes necesitará un color rojo que no contenga ni una traza de naranja, como el magenta o rosa permanente. Si quiere un rojo con más utilidades, el bermellón es una buena elección. A continuación necesitará un amarillo, y es mejor tener dos: uno de una tonalidad media, como el amarillo de cadmio, y también el amarillo limón, que es más frío y verdoso. Sólo hay un verde esencial: uno azulado, como el verde esmeralda o el ftalocianina. Todos los demás verdes deberán obtenerse mediante la adición de pequeñas cantidades de amarillo y/o de negro.

Es difícil arreglárselas con menos de dos azules: uno verdoso, como el azul de Prusia o el de ftalocianina, y otro que esté más cerca del malva, como el azul ultramar. Necesitará este último para mezclar y obtener violetas y púrpuras.

Por último, queda el controvertido negro. Personalmente, prefiero el negro lámpara, que no tiene el matiz ligeramente cálido del negro marfil. Hay muchas personas que consideran que el negro es un no color y lo eliminarían de cualquier paleta, pero mi argumento en favor de contar con él, incluso en una lista de requisitos mínimos, es que permite modificar con una magnífica rapidez los colores primarios transparentes en ricos olivas, naranjas tostados, marrones y demás. Por supuesto, debe emplearse con discreción, ya que un exceso de negro puede fácilmente dominar y enturbiar la transparencia esencial de una acuarela.

Así pues, éstos son los ocho pigmentos mínimos que recomiendo.

Sin embargo, no tiene por qué limitarse a esta breve lista. Muchos de los colores a los que he aludido antes, que pueden obtenerse mediante pequeñas adiciones de negro, ya se comercializan como los pigmentos tierra: sombra natural y sombra tostada, siena natural y siena tostada. Son baratos y

SUGERENCIA DE PALETA BÁSICA
En el sentido del reloj, desde el extremo superior izquierda: verde esmeralda o verde de ftalocioanina, azul de Prusia o de ftalocianina, azul ultramar, negro lámpara, amarillo limón, amarillo de cadmio, bermellón, magenta o rosa permanente.

permanentes, y pueden usarse como tales o bien para modificar otros colores más brillantes.

El *gamboge* es un amarillo útil; por lo demás, la inclusión de un naranja en la paleta nos evitará tener que mezclar demasiado a menudo amarillo y rojo, aparte de que el naranja que se vende también es a menudo más brillante que el que pueda obtenerse por mezcla. El naranja de cadmio es bueno, pero es caro; el de cromo es una alternativa más económica.

Creo que el azul de cobalto y el azul cerúleo son adiciones útiles en la gama de azules, y también es muy útil tener un buen violeta fuerte, como por ejemplo el violeta de cobalto (caro) o el violeta de quinacridona (un pigmento moderno más barato).

Como he dicho ya, todos los verdes pueden obtenerse fácilmente a partir del básico verde esmeralda, pero algunos artistas prefieren tener a mano un par de verdes de marca adicionales. Tanto el de Hooker como el de savia son bastante populares.

También acostumbro a incluir en mi gama el índigo o el gris de Payne, ya que el tono azul negruzco oscuro es útil como base para las sombras proyectadas.

Cuando haya incluido en su paleta básica los últimos colores mencionados, tendrá veinte colores, un número sin duda más que suficiente para obtener por mezcla todo cuanto necesite de forma rápida y fácil.

Es evidente que pueden encontrarse muchos más colores que éstos en los catálogos de los fabricantes de pinturas. Aunque la gama puede resultar bastante intimidante, la tentación de probarlos todos es difícil de resistir; si hay alguno que le llame especialmente la atención, no dude en incluirlo en su colección, pero vaya con cuidado de no adquirir una gama tan extensa que resulte demasiado difícil de manejar.

Mi consejo es conseguir una paleta de colores que le permita igualar cualquier color con el que se encuentre, y hacerlo de la forma más conveniente y simple posible. En definitiva, se trata de encontrar un compromiso entre la simplicidad de una paleta pequeña, la cual podría obligarle a pasar más tiempo mezclando colores, y una paleta grande, quizás engorrosa pero con la que pueda obtener muchos colores sin tener que mezclarlos.

A medida que perfeccione su técnica, es posible que, debido a su estilo personal y al tipo de temas que le gusta pintar, no use algunos de los colores de la lista que he sugerido. La gama que le funcione a usted es la que tiene que usar.

SUGERENCIA DE PALETA BÁSICA
En el sentido del reloj, desde el extremo superior izquierda: índigo o gris de Payne, violeta de cobalto o violeta de quinacridona, azul de cobalto, azul cerúleo, azul de Hooker, verde de savia, naranja de cadmio o naranja de cromo, *gamboge*, tierra de Siena natural, tierra de Siena tostada, tierra sombra natural, tierra sombra tostada.

Pinturas al agua opacas

No todas las pinturas al agua están hechas únicamente mediante la superposición de aguadas transparentes. Las pinturas al agua pueden usarse como pinturas opacas, del mismo modo que las pinturas al óleo, sacando partido así de las características totalmente diferentes que confiere la opacidad. Estas pinturas especiales son variantes de la pintura a la acuarela «tradicional».

El pigmento blanco es opaco por definición y, si se introduce dentro de una pintura a la acuarela, se puede entonces pintar una capa de color claro encima de una oscura. En otras palabras, puede invertirse el orden habitual y recuperar por tanto las superficies claras perdidas. Si se mezcla el blanco con otros colores, éstos también se vuelven opacos y la pintura adquiere un aspecto muy distinto, ya que en este caso las superficies claras se obtienen mediante capas cada vez más espesas de pintura. Las pinturas de este tipo son muy coloreadas y tienen una rica textura, pero carecen de la transparente luminosidad de las aguadas tradicionales.

Las pinturas destinadas a emplearse de este modo reciben el nombre de *gouaches* o colores opacos. Suelen venderse en tubos de 14 y 17 ml, aunque el blanco, que se usa en mayor cantidad que los demás colores, se vende en tubos más grandes, así como también en potes.

Las exposiciones de acuarelas aceptan por lo general las pinturas al *gouache* y a veces incluso las pinturas acrílicas. El problema es que, si el criterio para saber si se trata o no de una acuarela es si la solubilidad en agua, resulta difícil trazar cualquier tipo de línea divisoria: ¡incluso la pintura al óleo puede adquirirse en una forma soluble al agua! Por todo ello, en este libro me centro en las aguadas transparentes, haciendo tan sólo algunas breves incursiones en algunas adiciones y mezclas con colores opacos.

Es importante tener bien presente que el término de pintura opaca describe en realidad casi más un método que un tipo de pintura. El *gouache*, las pinturas acrílicas e incluso las pinturas al óleo, pese a no estar diseñadas para este tipo de usos, pueden manipularse para simular la transparencia de la acuarela, y las verdaderas acuarelas, por su parte, pueden transformarse en colores opacos mezclándolas con blanco.

GOUACHE O COLOR OPACO
Algunos *gouaches* son más opacos que otros. Dependiendo de su opacidad y de con qué grosor se prepare el color, pueden superponerse a otras capas, bien para modificar las inferiores, bien para borrarlas por completo.

Superficies

Las pinturas a la acuarela pueden realizarse sobre casi cualquier tipo de superficie preparada adecuadamente: además de la seda y otras telas, así como los paneles de madera preparados con un fondo especial, se ha llegado a utilizar el marfil, pero la superficie más habitual es el papel.

Los papeles fabricados especialmente para la acuarela están disponibles con tres tipos de acabado superficial. El más liso, el prensado en caliente, se denomina así porque durante su fabricación se prensa entre láminas de metal. El papel algo menos liso se obtiene mediante un prensado en frío. El papel que tiene la textura más pesada se llama rugoso y se seca entre unas ásperas láminas de fieltro, sin prensarlo.

Este último es probablemente la superficie sobre la que es más fácil aplicar las aguadas planas o incluso las que presentan un degradado uniforme. Si se roza la superficie con el pincel hacia delante y hacia atrás, el pigmento de la aguada se va depositando en las pequeñas depresiones y crea unas texturas moteadas muy atractivas.

Aunque no tienen una textura tan marcada como los no prensados, los papeles prensados en frío no son completamente lisos y aceptan las aguadas casi tan bien como los rugosos; hay quien dice incluso que las aceptan igual de bien, pero hay una sutil diferencia y el decantarse por uno u otro tipo depende de las preferencias personales. Mi opinión es que las aguadas no quedan tan fastuosas en los papeles prensados en frío como en los rugosos.

Los papeles prensados en caliente (o HP, de *hot-pressed*) son muy diferentes. Las aguadas flotan por la superficie lisa sin penetrar en ella y a veces se secan de un modo no uniforme. Con frecuencia es posible modificar el color o incluso eliminarlo con un pincel y con agua limpia, pero como contrapartida resulta mucho más difícil conseguir aguadas planas sobre grandes superficies en estos papeles.

Todos los acabados suelen comercializarse en unos pocos colores pálidos, aunque yo prefiero no usarlos, ya que impiden obtener un blanco verdadero a menos que se añada un color opaco.

Todos estos papeles se fabrican en una serie de grosores distintos y se designan por su peso, expresado en gramos por metro cuadrado. Los más gruesos normalmente llegan hasta 640 g/m^2 y los más finos, hasta 190 g/m^2. Pueden encontrarse algunos papeles hechos a mano con un peso todavía mayor, de 850 g/m^2, que parecen cartulinas.

Tensar el papel

Cuando se aplica una generosa aguada de acuarela, el papel absorbe el agua y se hincha. Cuando ha absorbido toda el agua posible, puede combarse y ondularse, de forma que las aguadas se depo-

SUPERFICIES DE PAPEL
Aquí puede ver los tres tipos de papel y el tipo de manchas que en principio podrá hacer en ellos. *Desde arriba*: papel prensado en caliente, papel prensado en frío y papel rugoso.

1 Moje a conciencia la cara inferior del papel con una esponja empapada en agua limpia, o bien sumerja completamente el papel en el agua. Deje que el papel la absorba durante cinco minutos como mínimo, más si se trata de un papel más grueso.

2 Mientras espera a que el papel se hinche, corte cuatro trozos de tira de cinta de enmascarar de la misma longitud que cada uno de los cuatro lados del papel. Humedezca el primero de estos trozos.

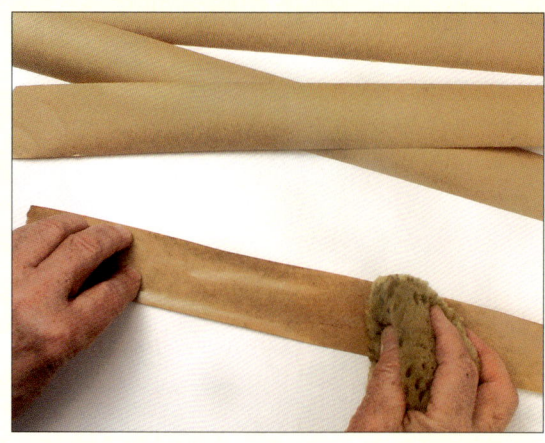

3 Extienda el papel con la cara seca hacia arriba sobre un tablero rígido (uno de aglomerado o contrachapado puede servir, pero lo mejor es un tablero de dibujo de madera) y engánchelo con la cinta de enmascarar. Asegúrese de que los cuatro trozos de papel adhesivo estén bien enganchados.

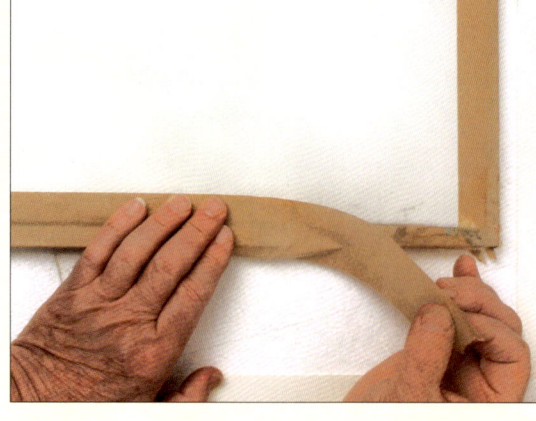

4 Deje el tablero plano para que se seque de forma natural. No se preocupe si el papel se ve un poco arrugado poco después de haberse encolado: cuando se seque se aplanará y permanecerá así incluso cuando se le apliquen las aguadas.

sitan en las pequeñas depresiones y se secan de una forma impredecible. Cuanto más ligero sea el papel y mayor la hoja, tanto más probable es que surja este problema. El papel puede continuar estando combado incluso una vez seco, lo que dificulta el montaje y el enmarcado. Los papeles más pesados, al ser capaces de absorber más agua, resisten mejor el combado que los más finos.

Para obviar este problema, tense el papel antes de usarlo, preferentemente el día anterior. La finalidad del tensado es que, si empapa por completo toda la hoja de papel, deja que se expanda por completo y a continuación afirma sus bordes con algún método adecuado, evitará que se contraiga hasta el tamaño normal cuando se seque. Mientras permanezca tensado, incluso las aguadas muy húmedas no provocarán su expansión posterior ni su consiguiente combado.

Cualquier método que sirva para afirmar el papel empapado será suficiente. Grape el papel a un tablero o envuélvalo en torno a un marco que lo tense y afírmelo con tachuelas; existe incluso un procedimiento en que el papel se presiona dentro de unos surcos y se afirma con listones bien ajustados. El método más común consiste en pegar los bordes del papel a un tablero mediante una tira de cinta de enmascarar. La goma de esta última tiene que ser soluble en agua y el tablero debe ser lo bastante rígido para resistir el tirón del papel cuando «intenta» contraerse.

Tensado
Para mayor seguridad, grape los bordes del papel al tablero a intervalos frecuentes.

Otros tipos de papel

Aunque es agradable trabajar sobre un papel especial para acuarelas, este tipo de material no es absolutamente esencial. El papel de dibujo de buena calidad puede tensarse sin problemas, al igual que otros papeles, pero no lo intente con uno muy fino, ya que podría desgarrarse al secarse y contraerse.

El papel ya montado sobre un tablero es una buena alternativa al tensado de un papel de acuarela. Aunque puede ser difícil encontrar un papel ya montado de buena calidad, y además éste resulta bastante caro en comparación con uno no montado del mismo peso, tiene una ventaja muy importante: su resistencia al combado.

Los blocs de papel de acuarela –paquetes de unas 20 a 25 hojas de papel selladas en torno a aproximadamente el 90 % de sus bordes– son fáciles de adquirir. Su peso viene estipulado en el paquete: son preferibles los más elevados, ya que los papeles del bloc están ligeramente pretensados y resisten el combado tan sólo si las aguadas no se aplican con un exceso de agua. Cuando haya acabado una pintura, sáquela del bloc deslizando un cuchillo por la parte no sellada y desenganchando los bordes.

BLOC DE ACUARELA
Saque el papel del bloc tan sólo cuando ya esté acabada la pintura.

Imprimaciones de *gesso*

También puede preparar su propio papel o cartulina pintando algún tipo de imprimación o fondo. Los fondos preparados de antemano con *gesso*, así llamados porque recuerdan las imprimaciones de yeso y óleo que utilizaban los muralistas italianos en el Renacimiento, suelen ser fáciles de adquirir. El *gesso* puede aplicarse generosamente con pincel, dejándole mucha textura, o bien aplicarse en dos o tres capas más finas que se alisan con papel de lija entre una capa y la siguiente. Estas superficies no son tan absorbentes como el papel sin tratar y hacen que las aguadas sean bastante más difíciles de controlar, con efectos de textura que no dejan de tener su interés.

APLICAR UNA IMPRIMACIÓN

Use una brocha para aplicar un fondo de *gesso*. La mayoría de las imprimaciones de *gesso* pueden diluirse con agua, pero se vuelven impermeables cuando se secan, así que limpie siempre la brocha tan pronto como haya aplicado la imprimación o fondo.

Pinceles

La gama de pinceles disponibles es muy extensa y puede resultar desconcertante. Sin embargo, para la pintura a la acuarela no hace falta un gran número ni una gran variedad de pinceles: unos pocos de buena calidad y bien escogidos es todo lo que se necesita en realidad.

Es fácil gastarse un montón de dinero con los pinceles de acuarela. Los de mayor tamaño en puro pelo de marta Kolinsky, por ejemplo, son extraordinariamente caros. Estos pinceles son muy agradables de usar, pero en absoluto resultan esenciales. Para aplicar aguadas de fondo (salvo en las pinturas más pequeñas), necesitará como mínimo un pincel grande. Todos mis pinceles para aguadas están hechos con materiales más baratos que la marta, como pelo de ardilla o de cabra, fibras artificiales o mezclas. Puede elegirlos planos o redondos, pero al menos uno de ellos debe ser grande, el equivalente de un pincel redondo del número 12 o de uno plano de 4 cm. El tamaño dependerá, naturalmente, del de las pinturas: para las acuarelas de mayores dimensiones (las que superen, digamos, 55 × 75 cm), necesitará pinceles todavía más grandes. Algunos pintores utilizan pinceles de pintar paredes o incluso de mezclar maquillaje para la aplicación de aguadas realmente grandes. No es necesario que el pincel para aguadas termine en punta, pero en todo caso sí es preciso que los pelos se mantengan bien juntos para que cada una de las pinceladas tenga unos bordes bien definidos.

También necesitará al menos dos o tres pinceles de tamaño medio, que pueden ser planos o redondos (yo prefiero estos últimos), pero siempre en torno a los tamaños 5, 6 y 7 (o 1,25, 1,58 y 2 cm para los planos). Hay pinceles de pelo de ardilla bastante parecidos a los chinos y cuya férula o virola va a menudo atada con un fino alambre. Un buen pincel de este tipo es algo menos caro que uno de marta, pero también suele

---

Limpieza de los pinceles

Los pinceles permanecerán mucho más tiempo en buenas condiciones si los limpia con regularidad. El aclarado con agua limpia no es suficiente; pasar suavemente el pincel sobre una pastilla de jabón bajo agua caliente hasta que el agua fluya limpia y transparente es la única manera de eliminar todas las trazas de pintura que se hayan acumulado cerca de la férula. Limpie todos los pinceles de esta manera después de cada sesión de pintura. Aparte de prolongar la vida útil de los mismos, se asegura de que las siguientes aguadas que prepare estén del todo limpias y no adulteradas por los residuos de pintura del pincel.

Agua caliente y limpieza con jabón

Cuando agite suavemente el pincel contra el jabón, descubrirá que incluso después de haberlo aclarado a fondo bajo el agua, todavía desprende una sorprendente cantidad de color.

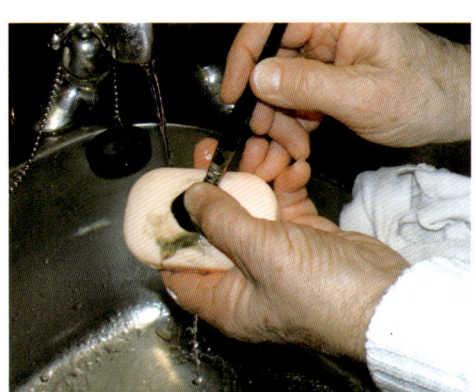

Elimine toda la pintura

Presione suavemente la espuma jabonosa con el pulgar desde la férula hasta la punta para eliminar todo rastro de pigmento.

TIPOS DE PINCELES

De izquierda a derecha: pincel grande para aguadas con pelo de ardilla u otro pelo suave; pincel de estilo chino, equivalente al n.º 9 en el pelo de marta estándar; pincel de estilo chino, equivalente al n.º 7 en el pelo de marta estándar; pincel de estilo chino, equivalente al n.º 5 en el pelo de marta estándar; pincel redondo de puro pelo de marta Kolinsky y del n.º 3; pincel redondo de puro pelo de marta Kolinsky y del n.º 2.

mantener una apreciable punta fina cuando contiene una generosa cantidad de pintura.

Mantener una punta fina es un tema importante, ya que un pincel que se divide en dos o más puntas tan pronto como está cargado de pintura o se aplica a la superficie es inútil, además de muy fastidioso de cebar. Los pinceles fabricados con un tipo de pelo no especificado o con otras fibras se aderezan a menudo con adhesivo soluble en agua para que en la tienda tenga un buen aspecto y, por consiguiente, es imposible saber si mantendrán una buena punta hasta que uno se los lleva a casa y le quita el aderezo bajo el grifo. Intente adquirir pinceles no tratados o, si no, pida agua en la tienda para lavarlos.

Por lo que respecta a los pinceles pequeños que se emplean para pintar detalles finos, no hay nada como el de pelo de marta Kolinsky de buena calidad: los de los tamaños 1-3 no son excesivamente caros, así que elija dos o tres pinceles de la serie de más alta gama del fabricante de su elección. Más importante aún que la calidad es que acaben en una única punta afilada y que la mantengan cuando estén llenos de pintura. A diferencia de los de pelo de ardilla, los pinceles de marta Kolinsky no suelen llevar aderezo, pero aun así siempre deberá insistir para que se los dejen probar empapándolos de agua y haciendo girar la punta muy suavemente sobre su mano. Si el extremo se escinde sistemáticamente en dos o tres puntas, no los compre.

No necesitará nunca un pincel más pequeño que el número 1, que además tiene una punta tan fina como un 0 o un 00 y puede contener más pintura.

Yo apenas utilizo los pinceles de pelos muy largos denominados *riggers* y *liners*, que están diseñados para trazar líneas largas y lisas, así como tampoco los de pelo y mango muy cortos, ni los de abanico, diseñados para hacer transiciones cromáticas. Si le interesa alguno de estos modelos, no se quede con las ganas de probarlos, pero resérvelos siempre para los efectos especiales.

Lápices y plumas

A veces necesitará hacer algún dibujo como fase previa a la aplicación de la acuarela, así que incluya algunos lápices en su equipo de pintura. Para las acuarelas en las que las líneas son una parte integral de la pintura, incluya también plumas de varios tipos, así como algunas tizas y pasteles solubles al agua.

Si el dibujo tiene que quedar más o menos oculto bajo las aguadas sucesivas, elija un lápiz de dureza tal que le permita dibujar con claridad pero sin aplicar demasiada presión (o demasiada poca). Los lápices realizan trazos diferentes en los distintos tipos de papel –más oscuros en los papeles duros y rugosos, y más claros en los papeles suaves o lisos–, de modo que tenga a punto toda una gama de durezas, desde HB hasta 4B. Si elije uno demasiado blando, los trazos serán demasiado negros y difíciles de controlar, pero si elige uno demasiado duro, tendrá que ejercer mucha presión, hasta mellar el papel, para hacer trazos que puedan orientarle como es debido. Pruebe los lápices en el borde del papel y escoja el que le permita dibujar trazos nítidos y positivos sin tener que apretar demasiado fuerte.

También cabe mencionar aquí los lápices con pigmento de acuarela. Los trazos de estos lápices de color pueden extenderse como aguadas de color al aplicar un pincel cargado de agua. En mi opinión, las aguadas hechas con lápices resultan siempre decepcionantemente débiles, algo que no sucede con los pasteles acuarelables de la mejor calidad. Éstos pueden utilizarse como lápices de color y sus trazos se transforman muy fácilmente en aguadas si se mojan con un pincel lleno de agua o incluso con el dedo mojado. Los trazos dibujados con fuerza permanecen visibles incluso después de aplicar el agua, consiguiendo la combinación de linealidad y aguadas fluidas típica de los trabajos con líneas y aguadas. La gama de colores es excelente (hasta ochenta o más), lo que resulta muy útil, ya que es difícil mezclar previamente los colores de los lápices.

Los que se ilustran a la izquierda no son los únicos, pero es muy probable que no necesite más para la pintura a la acuarela. Los que hacen trazos negros o grises se utilizan para los dibujos preparatorios; los de colores son solubles al agua, lo que significa que pueden utilizarse sin una aplicación posterior de color.

En algunas ocasiones preferirá que el trazo sea más o menos dominante; utilice entonces un lápiz

De izquierda a derecha: lápiz blando (4B), lápiz de dureza media o duro (HB), portaminas, lápiz de color soluble al agua, pasteles solubles al agua.

más blando que haga un trazo más oscuro. Con ello se abre la puerta a esos trabajos con líneas todavía más destacadas que pueden hacerse con plumas y tintas. Estas obras se denominan «pinturas con líneas y aguadas» (*véanse* págs. 52-55). Las plumas se comercializan en una enorme variedad de formas y tamaños, y la que usted elija dependerá del tamaño y del detalle de sus obras. Personalmente, prefiero una pluma de tamaño medio, con una plumilla que sea razonablemente flexible pero lo bastante fuerte como para poder usarla con vigor cuando sea necesario.

La tinta que utilice con una pluma de plumilla no tiene por qué ser negra. Las coloreadas están disponibles en casi tantos colores como las mismas acuarelas. Si piensa controlar los trazos al añadir las aguadas, escoja tintas impermeables, aunque los efectos aleatorios que se obtienen al aplicar aguadas sobre tintas no impermeables son muy interesantes. Obviamente, siempre puede aplicar primero las aguadas, dejarlas secar y dibujar luego con la pluma y las tintas, en cuyo caso ya no importa que sean impermeables o no. También puede diluir la tinta si moja la plumilla en agua mientras dibuja. En este caso, se recomienda el uso de agua destilada, aunque yo no he tenido problemas con el agua del grifo.

Los estilógrafos tienen depósitos incorporados que se rellenan con tinta. Sus «plumillas» son finos tubos con un alambre central que permite que la tinta fluya a un ritmo controlado y produzca una línea uniforme, cuyo grosor depende del diámetro del tubo. Se les designa de acuerdo con la anchura de la línea que producen; el más pequeño es el de 0,13 mm y el mayor está en torno a los 0,7 mm. Aunque no tienen la flexibilidad de una pluma de plumilla, son muy adecuados para los sombreados finos y controlados.

Otras «plumas» que llevan la tinta incorporada son los rotuladores con punta de fieltro o con punta de fibra, y los bolígrafos; todos ellos pueden usarse para combinar el dibujo de líneas con la pintura a la acuarela. Compruebe que la tinta que llevan sea impermeable, ya que con ellos pueden surgir los mismos problemas que con las plumas de plumilla. Dibujar con estilográficas ordinarias es muy agradable, pero las tintas recomendadas no son impermeables.

De izquierda a derecha: pluma de bambú, plumilla de metal con depósito, pluma con plumilla de metal flexible y de tamaño medio, pluma de punta fina para tinta soluble al agua, rotulador de color, estilógrafo.

Accesorios para las acuarelas

Existe una serie de instrumentos que podrán serle de utilidad o, incluso, resultar indispensables para su equipo de acuarelas. Aunque los accesorios mencionados no palían el escaso dominio de la técnica pictórica, vale la pena hacer con ellos una serie de pruebas.

El líquido de enmascarar (*véanse* págs. 56-59) suple una necesidad real. Cuando quiera reservar puntos, rayas u otros pequeños detalles al aplicar una aguada, cúbralos primero con líquido de enmascarar. Puede aplicarse con un pincel u otro instrumento similar; una vez seco, reserva las superficies cubiertas por él. Cuando la capa de aguada esté seca, quite la reserva frotando suavemente con la punta del dedo. Las superficies más extensas pueden enmascararse con una cinta adhesiva de escasa adherencia.

También necesitará una cinta de papel engomado para encolar y afirmar el papel tensado. Una grapadora con la suficiente potencia para clavar las grapas en un tablero es asimismo útil para cuando falle el papel engomado (como sucede a veces).

La goma arábiga puede mezclarse con la pintura y, según se dice, es un buen protector; también acentúa el brillo y la transparencia, y facilita la modificación o la eliminación de las aguadas. La hiel de buey incrementa la humidificación y el flujo del agua; si se deja gotear sobre una aguada recién aplicada, produce una sorprendente textura de explosión cromática.

Los cristales de sal y de azúcar rociados crean texturas moteadas cuando se esparcen dentro de las aguadas húmedas. Por otra parte, la cera es muy útil a la hora de aportar textura (*véanse* págs. 54-57).

En mi opinión, la goma de borrar debe usarse lo menos posible. Las mejores son las gomas maleables, no sólo para borrar sino también para la limpieza general de las pinturas.

Una esponja o dos resultan útiles, tanto para mojar a fondo el papel al tensarlo, como para aplicar colores con textura.

Desde superior izquierda en dirección de las agujas del reloj: cinta de enmascarar, goma arábiga, cinta de papel engomado.

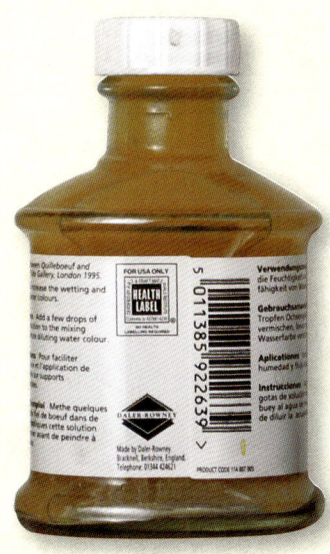

Un viejo cepillo de dientes es un objeto útil para salpicar pintura. Para rociadas de pintura más finas, es posible que encuentre todavía en alguna tienda un pequeño y sencillo aerógrafo. Si no lo encuentra, también puede usar para el mismo propósito una botella con un rociador manual.

Mi equipo de acuarelas también incluye un cúter o cortador regulable y un escalpelo. Ambos pueden emplearse para raspar hasta hacer resaltar los toques de luz (el primero también sirve para afilar lápices). Finalmente, los trapos limpios o las toallas de papel resultan esenciales para emborronar, secar y limpiar pinceles.

Si tiene pensado pintar en exteriores, es esencial disponer de algún recipiente para llevar agua. Los bidones que llevan los ciclistas resultan ideales: son ligeros y fuertes, y pueden apretarse lo justo para obtener el agua necesaria.

Un estuche enrollable de pinceles es muy apropiado para llevar todos los pinceles, plumas, lápices y demás accesorios, y si piensa pintar en exteriores, una mochila le facilitará mucho las cosas.

Los taburetes y sillas se comercializan en muchas formas y son de gran utilidad en exteriores.

Por lo que respecta al caballete, suele ser mejor pintar acuarelas sobre superficies casi horizontales, y no todos los caballetes permiten adoptar esta posición. Siempre que esté sentado en un asiento firme, podrá apoyar la superficie a pintar sobre su regazo. Aunque suelen ser bastante caros, también existen caballetes plegables con asiento incorporado.

Desde superior derecha en dirección de las agujas del reloj: esponja, goma de borrar maleable, escalpelo, cúter, cepillo de dientes.

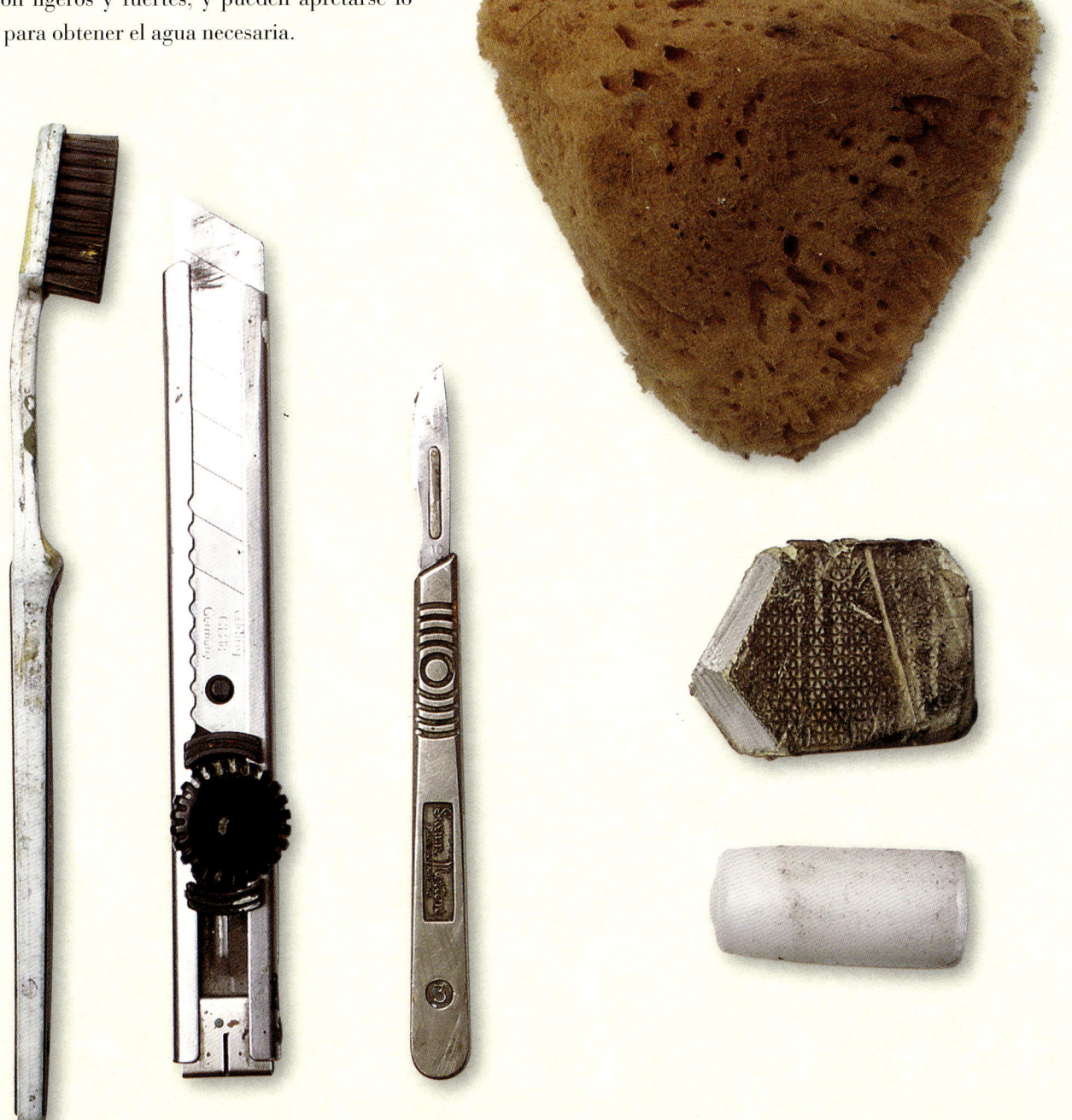

Conceptos básicos

Aguadas

VÉASE TAMBIÉN:
- Superficies, pág. 17

Una aguada es la suspensión de una cantidad relativamente pequeña de pigmento en un volumen mucho mayor de agua. Se caracteriza por la transparencia y la luminosidad que adquiere gracias a la blancura del papel.

Materiales

Papel para acuarelas prensado en frío y pretensado de 185 g/m²
Pincel grande para aguadas
Pintura de acuarela: azul de Prusia o de ftalocianina

Aguada plana

La primera técnica que todo acuarelista debe dominar es la aplicación de una aguada plana. Aunque las aguadas no siempre tienen que ser uniformes en cuanto a densidad y color, lo mejor es adquirir esta habilidad. El principio básico de una aguada plana y uniforme es que fluya por encima del papel. Para que esto sea posible, el papel debe tensarse antes de su uso (*véase* pág. 18) o bien ser resistente al «combado», término que se usa para describir lo que le sucede cuando absorbe el agua de una aguada y se expande, haciendo que aparezcan ondulaciones.

Para preparar las mezclas de las aguadas, necesitará un recipiente de agua bastante hondo que contenga al menos una huevera de agua para una aguada de unos 15 cm² de superficie. Para mayores superficies necesitará, obviamente, mayores cantidades de aguada; como regla general, utilice siempre un poco más del doble de la cantidad que consideraría necesaria.

Antes de empezar a aplicar el color, sostenga el tablero de dibujo con una leve inclinación. Con ello se asegurará de que la aguada fluya hacia abajo y se acumule a lo largo de la base de cada pincelada.

1 Con un pincel grande para aguadas bien empapado de pintura, dé una suave pincelada de izquierda a derecha.

2 Vuelva a cargar el pincel y allí donde la pintura se acumula en la base de la primera pincelada, dé otra sin tocar la de encima.

3 Continúe así hasta que haya cubierto el papel.

4 Apriete el pincel hasta secarlo y páselo suavemente a lo largo de la base de la última pincelada para retirar toda la pintura sobrante y dejar un borde bien definido.

La aguada plana terminada
El papel ha quedado cubierto de modo uniforme. Observe cómo la pintura ha adquirido una tonalidad mucho más clara al secarse.

Materiales

Papel para acuarelas prensado
en frío de 185 g/m²
Pincel grande para aguadas
Pintura de acuarela: azul de cobalto

Aguada en degradado

La aplicación de una aguada en degradado es un procedimiento similar, pero en vez de cargar el pincel con la mezcla como antes, se añade agua limpia –un poco más en cada pincelada sucesiva– de forma que la tonalidad del color varíe de forma gradual.

1 Con un pincel grande para aguadas copiosamente cargado de pintura, dé una suave pincelada de izquierda a derecha.

2 Añada más agua a la pintura, vuelva a cargar el pincel y, allí donde la pintura se acumula en la base de la primera pincelada, haga otra cuidando de no tocar la de encima.

3 Repita el paso 2, añadiendo más agua en cada pincelada. Si el color más intenso de la anterior pincelada empieza a fluir hacia abajo, dentro del área más pálida de la aguada, incline el tablero alejándolo de usted.

La aguada en degradado terminada
La tonalidad de la aguada varía desde el «a todo color» de la parte superior hasta la ausencia completa de color.

Materiales

Papel para acuarelas
de 850 g/m²
no tensado
Pincel grande
para aguadas
Pinturas de acuarela:
bermellón, carmín,
amarillo de cadmio,
azul de ftalocianina

Aguada jaspeada

La aguada jaspeada, en la que hay una transición gradual de un color a otro, es algo más difícil de controlar que una de un solo color, y para ello hace falta práctica. Siempre existe un cierto riesgo cuando se yuxtaponen pinturas húmedas, pero, en mi opinión, el carácter impredecible de la acuarela es precisamente uno de sus encantos. Podrá mantener cierto control si inclina la pintura mientras las aguadas están húmedas y fluidas, y empuja las aguadas hacia uno u otro lado con un secador de pelo.

El resultado de esta técnica puede ser un secado no uniforme, un efecto que muchas personas consideran atractivo. En algunos papeles, las aguadas se secan con un borde que es ligeramente más oscuro que el interior de la aguada. Este efecto me gusta tanto que a veces quito un poco del color en medio de una superficie de aguada con una toalla de papel para acentuar el borde más oscuro.

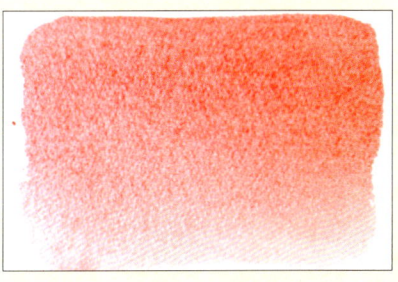

1 Mezcle bermellón con un poco de carmín para preparar un rojo cálido y con un pincel grande para aguadas dé una suave pincelada de izquierda a derecha.

2 Humedezca el papel por debajo de la aguada roja, en una franja de unos 2,5 cm. Aclare el pincel con agua, cárguelo con amarillo de cadmio y dé otra pincelada, de forma que ambos colores se entremezclen.

La aguada jaspeada terminada
Repita el paso 2 usando azul de phtalocianina muy diluido. Allí donde se escurra dentro del amarillo, aparecerá un verde de transición. Incline el tablero para favorecer el corrimiento o entremezclado de los colores.

Húmedo sobre húmedo

Aunque una aguada jaspeada es técnicamente un ejemplo de húmedo sobre húmedo, este término suele referirse a un procedimiento todavía más impredecible en el que se hace gotear pintura dentro de aguadas húmedas o sobre un papel que se ha mojado previamente con agua limpia.

VÉASE TAMBIÉN:
- Aguadas, pág. 26

Materiales
Papel para acuarelas de 850 g/m², no tensado
Pinceles para aguadas grande y mediano
Pinturas de acuarela: azul de cobalto, negro lámpara

Húmedo sobre húmedo en papel muy húmedo

Cuando se deja caer una aguada de color sobre una superficie húmeda, el color se extiende con gran rapidez en zarcillos, que suelen fusionarse más tarde creando formas suaves. Ahora bien, si el papel está demasiado húmedo, las formas pueden entremezclarse y perderse por completo.

El éxito de estas aguadas depende de saber cuándo la aguada o el papel húmedo receptores tienen el grado de humedad exacto para que el color se extienda hasta donde se desee, pero no más. Las aguadas añadidas permanecen más o menos allí donde se han aplicado, pero se extienden un poco, con bordes suaves y contornos borrosos.

1 Con un pincel grande para aguadas, humedezca toda la superficie del papel con agua limpia. Mientras el papel está todavía limpio, cargue su pincel con una mezcla de azul de cobalto y toque ligeramente el papel con la punta del pincel.

2 El color se extenderá hacia fuera en un círculo, corriéndose en los bordes.

3 Deje que el papel se seque y luego pinte algunas formas suavemente con una aguada muy intensa de negro lámpara.

4 Las formas se extenderán suavemente hasta parecer nubes oscuras. Este método se usa en cielos nubosos.

Húmedo sobre húmedo en papel parcialmente seco

Esto permite mezclar húmedos con aguadas aplicadas en varias capas como en una pintura definitiva.

Siempre se corre cierto riesgo cuando se pintan pasajes en húmedo sobre húmedo, pero si deja que se sequen y luego los cubre con aguadas adicionales conseguirá cierto grado de control.

1 Repita el ejercicio de la aguada jaspeada y déjelo secar.

2 Rehumedezca una pequeña área en la parte central del papel y pase un pincel cargado de pintura por ella y por encima de la parte seca. Aquí he usado una mezcla de amarillo de cadmio y de tierra de Siena tostada.

3 Aplique otras aguadas sobre las superficies secas y deje que algunas de ellas se toquen y discurran juntas. La idea es experimentar con ellas y descubrir qué efectos pueden producir.

Superposición de colores

VÉASE TAMBIÉN:
• Aguadas, pág. 26

La superposición de colores es la base del estilo clásico inglés de pintura de acuarela, que no tardó en extenderse por EE. UU. y ha sido seguido con entusiasmo hasta hoy en día.

En este método, cada una de las aguadas se mezcla previamente con una gran cantidad de agua y con muy poco pigmento y se deja secar a fondo hasta la aplicación de la aguada siguiente. Los colores y tonos más claros son los primeros que se aplican y a medida que se añaden otras capas, éstas van combinándose para crear los tonos más oscuros. Dado que las más translúcidas quedan iluminadas por el blanco del papel subyacente, aparecen sutiles e inesperadas combinaciones de colores, que son bastante diferentes de los tonos oscuros aplicados en una única capa.

Este ejercicio muestra cómo pueden obtenerse distintos colores y tonalidades mediante la aplicación de una serie de aguadas planas y en degradado. En vez de limitarse a superponer colores de una manera abstracta, deje que las formas que aplique evoquen un paisaje imaginario.

Si se asegura de que cada aguada es transparente y de una tonalidad apenas un poco más oscura que la anterior, descubrirá que puede superponer fácilmente diez o más en algunas áreas sin que éstas se vuelvan demasiado oscuras o densas. Es una buena idea acostumbrarse a experimentar de este modo, como, por ejemplo, cuando espera que se seque un papel tensado u otras aguadas, o como una especie de ejercicio preparatorio antes de empezar a pintar.

Materiales

Tablero con papel para acuarelas prensado en frío

Pinturas de acuarela: azul de cobalto, índigo, azul ultramar, azul de ftalocianina, verde esmeralda, tierra de Siena natural, verde de ftalocianina, amarillo de cadmio, naranja de cadmio, *gamboge*

Pinceles: grande para aguadas, redondo mediano

1 Con un pincel grande para aguadas copiosamente cargado de pintura, aplique una aguada pálida y en degradado de azul de cobalto sobre el papel, humedeciéndola de tal forma que la parte inferior sea agua casi pura. Deje secar. Añada un poco de índigo muy pálido al azul de cobalto y pinte con el pincel una forma similar al contorno de una serie de colinas. Incline el tablero de tal forma que el agua discurra hacia abajo hasta la «cima» de las «colinas», dándoles una «cresta» más oscura. Deje secar.

2 Mezcle el azul ultramar con un poco menos de índigo y pinte otra forma, justo debajo de la primera, para sugerir una colina más cercana, e incline otra vez el tablero para que la pintura baje hasta las «cimas». Aplique esta mezcla como una aguada en degradado que se descolore hasta el agua casi transparente cerca de la base del papel. Deje secar.

3 Mezcle azul de ftalocianina con un poco de verde esmeralda y aplique esta mezcla con el pincel como en el paso 2, dejando que baje hasta la mitad del paisaje. Absorba la pintura sobrante con una toallita de papel para que el verde no se aleje demasiado hacia la base ni forme una línea definida. Deje secar. Estas aguadas se acumulan y se vuelven más oscuras.

4 Mezcle tierra de Siena natural con verde de ftalocianina hasta obtener un intenso color verde oliva y pinte con esta mezcla la forma de una colina en primer término. Mantenga bien definido el borde superior de la colina, pero deje que el de la pintura se vaya suavizando hacia la base. Deje secar.

5 Añada una aguada en degradado de azul de ftalocianina a la parte más alta del papel para oscurecerlo. Aplique otra de amarillo de cadmio muy pálido sobre las colinas. Dado que las aguadas subyacentes están completamente secas, el amarillo se limita a dar calidez al conjunto sin alterar los colores de debajo.

6 A continuación, aplique una aguada de naranja de cadmio muy pálido sobre el primer término y sobre la colina verde oscura. (Aunque ahora se ve muy dominante, casi desaparecerá en las siguientes fases, una vez se hayan añadido más colores oscuros.) Observe cómo el naranja empieza a granularse allí donde se superpone con el verde. Esto sucede con algunas mezclas de pigmento; puede que este efecto desaparezca cuando el color se seque; de lo contrario, aportará una agradable textura. Deje secar.

7 Añada tierra de Siena tostada a la mezcla original de azul de cobalto e índigo para obtener un intenso verde pardusco, y aplíquelo sobre el primer plano. Cuando la pintura está todavía húmeda, deje gotear un poco de *gamboge* para sugerir hierba y follaje en el primer término. Frote suavemente con agua limpia en algunos lugares para quitar pintura, dejando que los bordes húmedos se extiendan de forma espontánea.

8 Con una mezcla de tierra de Siena natural y verde esmeralda y con un pincel redondo mediano, oscurezca la «cresta» de la colina en primer término y salpíquela con algunas motas que evoquen árboles. El primer término está empezando a sugerir agua, así que dé algunas amplias pinceladas de azul cerúleo sobre el naranja de dicho término.

9 Para oscurecer todavía más el cielo y mantener así el equilibrio tonal de la pintura, aplique una mezcla pálida de azul de ultramar e índigo sobre el cielo para sugerir unos nubarrones.

10 La pintura está llegando ahora a su fase final. Deje que las formas y los colores le sugieran hitos de un paisaje; aquí he añadido algunos detalles oscuros en el primer término y he oscurecido el contorno de las colinas distantes para equilibrar los tonos. También he quitado pintura del centro del primer término con una toallita de papel para acentuar los bordes y he añadido unas pocas nubes más.

11 Finalmente, si toda la pintura se ve un poco fría y sombría como aquí, aplique una aguada muy pálida de *gamboge* sobre la pintura entera para dar un poco de calidez a los colores. Recuerde que, siempre que las aguadas estén completamente secas, puede aplicar una transparente de color claro sobre la pintura entera para cambiar el tono general del color sin afectar a los detalles.

VALORES TONALES

Aprender a ver los tonos

VÉANSE TAMBIÉN:

- Crear un efecto tridimensional con los tonos, pág. 36
- Modelos redondeados, pág. 38

Todos los colores tienen tonos o matices, lo que significa que tienen un valor dado de claridad o de oscuridad. Algunos colores, como el amarillo, estarán siempre en el extremo de tono más alto de la gama independientemente de su intensidad, mientras que otros, como el rojo, pueden estar cerca de uno u otro extremo, dependiendo de su saturación e intensidad. Aprender a evaluar el valor tonal de los colores resulta esencial para convertirse en un buen acuarelista. Los ejercicios de estas dos páginas están diseñados para ayudarle a conseguir exactamente eso.

No siempre resulta fácil determinar el valor tonal de un color. Reducir a la mitad la información visual entornando los ojos es un buen sistema y, por supuesto, fotografiar la escena en blanco y negro (o hacer una fotocopia en blanco y negro de una fotografía en color) muestra con exactitud de qué modo los distintos colores se reproducen como tonos. Los ejercicios de estas dos páginas le ayudarán a mejorar su capacidad para juzgar los valores tonales al reproducirlos en un único color.

Ejercicio 1: juzgar los tonos relativos

Para este ejercicio, prepare diez tonos, desde el negro hasta el casi blanco, en fases tan uniformes como sea posible. Con las acuarelas, esto significa empezar con una aguada a todo color e irla diluyendo gradualmente con agua.

En un trozo de papel de acuarela marque diez pequeños rectángulos, cada uno de ellos de aproximadamente 5 × 4 cm. Prepare una cantidad generosa de aguada negra intensa y llene el primer rectángulo. Espere lo suficiente para estar seguro de que se secará como un negro bien denso y, a continuación, prepare nueve tonos cada vez más claros. Lo más fácil es tener listas diez áreas de mezclado en la paleta, transferir un poco de cada tono más oscuro dentro de la paleta siguiente y añadir más agua; el más claro de todos será agua casi pura. Es probable que tenga que ascender y descender por la línea de las sucesivas diluciones, probarlas y añadir más agua o más pigmento hasta que tenga una gradación homogénea. Cuando las nueve diluciones sean tan homogéneas como le sea posible, llene los rectángulos restantes.

Ejercicio 2: equiparar los colores con los tonos

Ahora, en otro trozo de papel de acuarela, pinte algunas áreas con colores brillantes e intensos y otras con colores más pálidos. Cuando estén secas, recórtelas e intente equiparar cada una de ellas por su tono con alguno de los grises numerados del 1 al 10. Entorne los ojos para eliminar tanto color de los cuadrados como sea posible, ya que así le será más fácil valorar los tonos. La ilustración bajo estas líneas muestra mis tentativas al respecto.

Ejercicio 3: comprobar la exactitud del dictamen

Para comprobar la exactitud de mi valoración, fotografié los resultados del ejercicio 2 en blanco y negro (también se puede hacer una fotocopia).

Como puede ver, algunas de las equiparaciones, como la del amarillo intenso con el tono 4 y la del rojo con el tono 2, fueron bastante precisas, mientras que la del azul con el tono 1 y la del amarillo más pálido con el tono 8 no fueron acertadas.

Crear un efecto tridimensional con los tonos

En este ejercicio, usará tonos de acuarela de un único color para mejorar su capacidad de apreciación de los valores tonales. El ejercicio también muestra cómo se crean los tonos con la adición de capas, un proceso fundamental en la mayoría de los métodos descritos en este libro.

VÉANSE TAMBIÉN:
- Aprender a ver los tonos, pág. 34
- Modelos redondeados, pág. 38

Materiales

Lápiz HB

Papel para acuarelas rugoso de 140 g/m², pretensado

Pinturas de acuarela: negro lámpara, tierra de Siena natural

Pinceles: grande para aguadas, redondo mediano, pequeño de marta Kolinsky

La valoración de los tonos es importante, ya que permite representar la incidencia de la luz y crear así una impresión convincente de las tres dimensiones.

Ponga juntos una serie de modelos claros y oscuros. Para apreciar mejor los valores tonales, elija sobre todo cosas que tengan poco o nada de color (pero incluya algún modelo con uno intenso para dar un mayor interés visual y para que el ejercicio resulte más interesante). Busque objetos de formas simples y con cambios de plano bruscos, tales como cubos o cajas.

Colóquelos delante de un fondo de color liso, como, por ejemplo, una pared pintada, y sobre una superficie plana. Coloque una luz a un lado de los modelos (bastará con una lámpara de escritorio) para que proyecte sombras interesantes.

Es probable que tenga que cambiar la posición de la luz o la de los modelos, o la de ambos, para conseguir el efecto deseado. Coloque las cajas de tal forma que algunas estén inclinadas o con los bordes en voladizo en algunos lugares, de modo que haya una mezcla de planos en la sombra y de sombras proyectadas. También puede haber algunas áreas donde se creen fuertes contrastes de tonalidad y otras donde casi no existan.

Empiece combinando cinco tonos del mismo color. Aquí empleé negro lámpara y añadí un poco de tierra de Siena natural para dar un poco de calidez a la combinación y evitar que pareciera muerta. En la paleta, cada uno de los tonos se verá muy similar, así que no olvide probar las mezclas en el borde del papel y esperar a que se sequen para comprobar cómo se ven realmente.

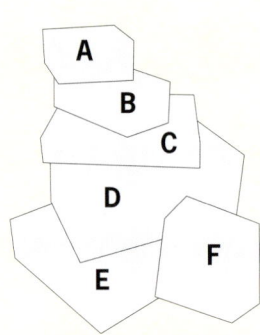

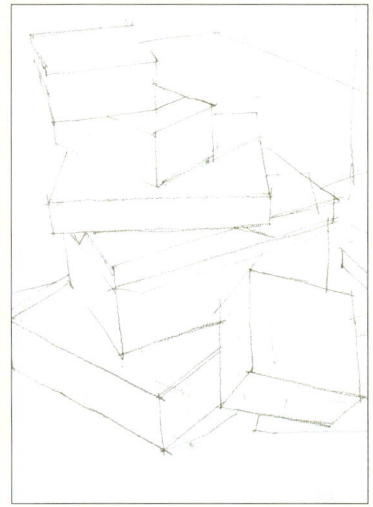

1 Dibuje con un lápiz HB los contornos de las cajas y las formas de las sombras, fijándose tanto en las formas positivas (las propias cajas) como en las formas negativas (los espacios entre ellas). Ignore los detalles en esta fase: lo único que debe intentar hacer ahora es establecer los planos de su tema.

La combinación

En un conjunto como éste, es relativamente fácil valorar los tonos de los distintos planos de los modelos, las caras que están frente a la luz, las que están en la sombra y las sombras proyectadas. Cuando el conjunto incluye colores más intensos, como la caja roja, mire el tema con los ojos entornados, ya que así se reduce el impacto del color, lo que le permitirá ver su verdadero tono. Para facilitar la identificación, designaremos las cajas apiladas con las letras A a E, empezando por la de arriba, y la que está inclinada en primer término con la letra F.

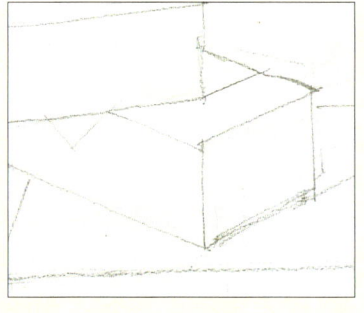

2 Aplique una aguada con el más claro de los tonos (tono 1) encima de todo lo que no sea realmente blanco. Aquí, consideré que sólo la tapa de la caja B era blanca. Deje secar.

3 El segundo tono más claro se observa en la cara izquierda de la caja B y en la tapa de la D. Aplique una aguada de tono 2 sobre toda la pintura salvo en estas áreas y en la superficie de papel que había dejado sin tocar en el paso 2. Es posible que tenga que elegir ahora un pincel más pequeño para conseguir contornos más definidos. Deje secar.

4 El tono siguiente más oscuro es la caja roja A. Use el tono 3 para pintarla y las sombras que proyecta en la caja B, el extremo de esta última y la sombra que ésta proyecta en la caja C, la sombra de ésta en la D y todas las demás zonas que no sean las que considere como de tono 1 o 2. Deje secar.

5 Aplique el tono 4 sobre el extremo de la caja B, los bordes de la E y toda la F, así como la sombra del fondo a excepción de una pequeña franja de luz abajo a la derecha; emplee un pequeño pincel de marta Kolinsky para delinear los contornos y luego pincel para aguadas. Las dos sombras triangulares de la caja A en B y de la C en D son de tono 4.

6 Ahora puede aplicar el tono premezclado más oscuro al contorno derecho de la caja E y a la tapa y el lado de la caja F. No tiene por qué ser muy estricto con la progresión de tonos desde el más claro al más oscuro; la sombra de la tapa de la caja D, por ejemplo, se ha puesto aquí con un nuevo tono intermedio entre los tonos 4 y 5.

7 A continuación evalúe los valores tonales. Recuerde que incluso las aguadas claras aplicadas sobre otras más oscuras dan como resultado un tono combinado todavía más oscuro. En este caso, empleé una segunda capa de tono 3 en el borde de la caja A, en la sombra del fondo, las áreas sombreadas de la caja A y la totalidad de las E y F.

8 Algunos contornos pueden haberse perdido durante el proceso de pintar, ya que las líneas a lápiz han quedado cubiertas por aguadas, así que quizás se vea obligado a redefinir algunos de ellos con un pincel fino. Use un tiento para evitar tiznar alguna parte con la pintura húmeda. Al lado más largo de la caja D le apliqué una aguada final que también oscureció el borde más claro de F. Asimismo, añadí un reflejo en la superficie ligeramente brillante de la caja C.

9 Finalmente, consideré que el tono del fondo tenía que oscurecerse, y para ello fue suficiente una aplicación del tono 2.

Modelos redondeados

Esta vez, se pretende evaluar los valores tonales en un conjunto de modelos de formas menos regulares que también tienen colores más variados.

VÉANSE TAMBIÉN:

- Aprender a ver los tonos, pág. 34
- Crear un efecto tridimensional con los tonos, pág. 36

Elija formas simples y vigorosas, así como una gama de tonos desde claros a oscuros: las frutas como las manzanas son ideales para los tonos claros o medios, los limones son perfectos para los claros y las berenjenas para los oscuros.

Empiece buscando el tono más claro. Si uno de los modelos tiene un brillo o lustre (algo difícil de evitar en muchos casos), el tono más claro puede ser un toque de luz reflejada. Es posible que no sea blanco puro, sino que simplemente se vea así por contraste con el área circundante. Para averiguar si es blanco, corte un pequeño agujero de unos 5 mm² en un trozo de papel blanco y mire el toque de luz a su través. Cierre un ojo y mueva el papel hasta que la pequeña ventana contenga justo el toque de luz: entonces verá si es realmente blanco o si tiene un tono algo más oscuro.

De nuevo, prepare cinco tonos del mismo color. En este caso, mezcle verde esmeralda con un poco de *gamboge*.

Materiales
Lápiz HB o B
Papel para acuarelas rugoso y pretensado de 140 g/m²
Pinturas de acuarela: verde esmeralda, *gamboge*
Pinceles: grande para aguadas, redondo mediano

La combinación de modelos

Además de tener unos contornos menos patentes, este conjunto contiene modelos de colores y tonos variados, de modo que es aún más esencial valorar los tonos a través de los ojos entrecerrados. Observe que las sombras están a menudo iluminadas por la reflexión de las zonas de luz adjuntas.

1 Con un lápiz HB, esboce levemente este bodegón con líneas sueltas aunque definitivas para indicar los límites de las zonas de sombra y los toques de luz. Concéntrese en establecer dónde se desvía de la luz cada uno de los modelos: siempre hay un punto en que de uno de los planos se pasa a otro y la fuente de luz deja de iluminar esa parte del tema.

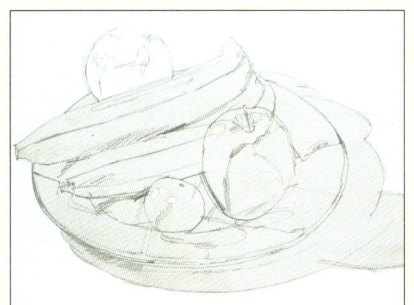

2 Aplique una aguada del tono 1 sobre la pintura entera a excepción de la naranja, el fondo y los toques de luz en el plato y el tomate. Deje secar.

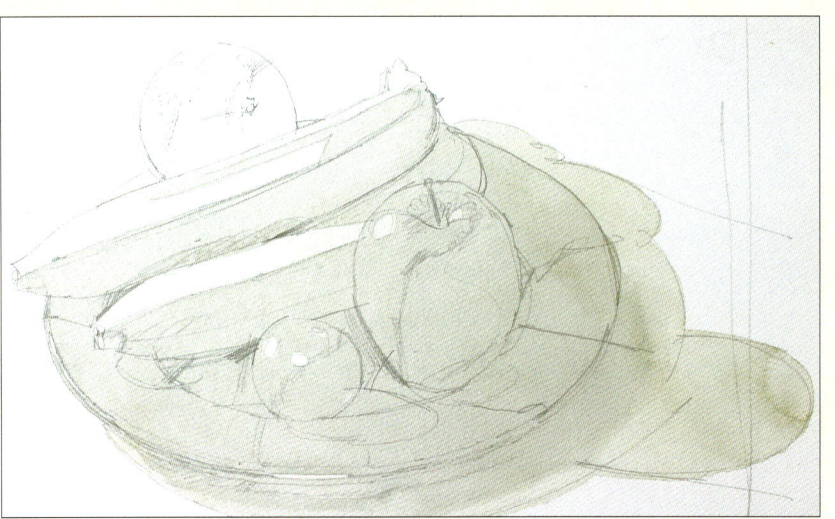

3 Con el tono 2 pinte encima de la manzana (dejando dos toques de luz), el lado brillante del plátano superior, la sombra sobre el plátano inferior y el plato, cuidando de reservar los toques de luz de este último como blanco puro. Limpie con agua en torno al contorno del plato para suavizar la sombra sobre la mesa. Deje secar.

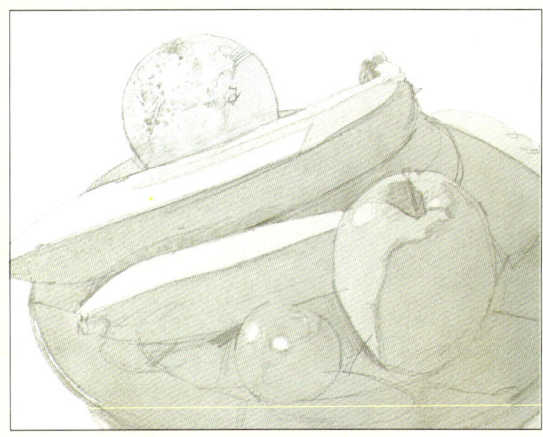

4 Con el tono 3 pinte los hoyuelos de la naranja. Las manchas de pintura fluirán juntas, creando áreas oscuras con textura. Cerca del tallo, pinte motas más pequeñas para los toques de luz. Pinte el lado en sombra del plátano de encima y la manzana con el mismo tono, y repase otra vez el plato y el tomate conservando los toques de luz. Oscurezca la sombra bajo el plato. Deje secar.

5 Con el tono 4 aplique una segunda aguada a la naranja, formando hoyuelos en la pintura tal como hizo antes para crear los toques de luz. Añada más tono al tomate y al plato, como en el paso 4. Acentúe la línea de cambio de claro a oscuro en la manzana, dejando gran parte del lado de sombra en el tono anterior para indicar la luz reflejada en esta zona. Deje secar.

6 Con el tono 4 una vez más, pinte el plato reservando los toques de luz y las zonas oscuras en sombra debajo de la naranja y entre los dos plátanos. Deje secar.

7 Use el tono 5 para las zonas más oscuras: las sombras en el plato y algunos detalles en torno al tallo de la manzana. Puede que también tenga que reforzar algunos de los tonos intermedios (por ejemplo, en el lado de sombra de la manzana), pero intente hacerlo sin tocar las aguadas muy oscuras que acaba de aplicar.

8 Por último, reafirme los tonos medios para que no haya ninguna transición muy brusca entre lo claro y lo oscuro, y refuerce la zona de sombra más intensa.

Color

Teoría del color

Para sacar el máximo partido de las acuarelas, tendrá que aprender algunos aspectos de la teoría del color y de cómo se relacionan unos colores con otros.

VÉASE TAMBIÉN:
- Equilibrio, pág. 50

Gran parte de la teoría del color trata de cómo la luz blanca puede descomponerse en sus partes constitutivas –en su espectro–, como en el arco iris. La recombinación de parte de la luz coloreada en la que se ha descompuesto la luz blanca se denomina «mezcla aditiva», ya que cada adición de luz hace que el color resultante sea más claro. La combinación de luz verde y roja, por ejemplo, da luz amarilla; el azul y el verde juntos dan un turquesa pálido y, si se combinan los tres colores –azul, verde y rojo–, vuelve a obtenerse la luz blanca. Así pues, los colores primarios de la luz son el rojo, el azul y el verde.

Con todo, tiene un interés mucho más inmediato para nosotros la aplicación de la teoría del color a las pinturas y los pigmentos, para los cuales los colores primarios son el rojo, el azul y el amarillo. En teoría, todos los demás colores pueden obtenerse por mezcla a partir de estos tres primarios. (En la práctica, no es tan fácil, ya que muchos pigmentos no son lo suficientemente puros para hacer mezclas que sean realmente limpias y brillantes, un tema que se analizará con más detalle en las páginas siguientes.)

Para entender las interacciones del color como pintura tiene que intentar imitar los colores puros (matices) del arco iris o del espectro y aplicarlos en pinceladas contiguas formando un círculo continuo, el «círculo de color». Como puede ver, el violeta (a medio camino entre el rojo y el azul) es opuesto al amarillo primario, el naranja (entre el rojo y el amarillo) es opuesto al azul primario, y el verde (entre el azul y el amarillo) es opuesto al rojo primario. Estos tres colores a medio camino de los primarios –el violeta, el naranja y el verde– se denominan «colores secundarios».

Los colores que en el círculo de color tienen una posición opuesta a los secundarios son los complementarios de estos últimos. Así, el rojo es el complementario del verde, el amarillo del violeta y el azul del naranja. Todas las demás variaciones vinculadas a estos seis se llaman «colores intermedios» y cada uno de ellos es a su vez complementario del color que tiene una posición opuesta en el círculo. Así, cuando los colores complementarios se mezclan unos con otros, producen «colores terciarios»: ricos grises, marrones y verdes. Pero, curiosamente, cuando éstos se colocan juntos pero sin mezclarlos, tienden a chocar.

Pintar un círculo cromático

Es posible que haya visto antes círculos cromáticos o incluso que los haya construido y pintado con anterioridad. Aun así, le invito a pintar otro ya que, si intenta producir una sucesión de tonos lo más pura posible, tendrá la oportunidad de descubrir si su gama de pinturas cumple los estándares de calidad.

Le sugiero que no intente hacer un círculo excesivamente perfecto; entre otras cosas, porque si los colores adyacentes se entremezclan un poco, siempre que uno no oculte al otro por completo, se acercará más a lo que ocurre en el espectro real.

Haga el círculo lo bastante grande para poder aplicar las aguadas generosamente, con una gran cantidad de agua, y procure, en la medida de lo posible, que la parte más pálida de cada color (la más diluida) esté hacia el centro del círculo. Empiece en la parte superior, a las 12 horas, con el rojo más puro y brillante que pueda preparar, luego aplique una aguada de amarillo claro a la hora y 20 minutos, y un azul medio (ultramar) a la hora menos 20 minutos en su reloj imaginario. Éstos son los colores primarios. A continuación, ponga el naranja entre el rojo y el amarillo, el verde entre el amarillo y el azul, y el violeta entre el azul y el rojo.

Espere hasta que se sequen por completo para poder llenar los seis espacios restantes con colores a medio camino entre sus vecinos: amarillo anaranjado entre el naranja y el amarillo, verde amarillento entre el amarillo y el verde, y así sucesivamente.

CÍRCULO CROMÁTICO

Este círculo cromático está formado por doce matices y representa el espectro de los colores visibles que, al combinarse, forman la luz blanca (aunque, en realidad, el espectro real tiene infinitas gradaciones de un color a otro).

Mezclar colores

VÉANSE TAMBIÉN:
- Pinturas, pág. 12
- Teoría del color, pág. 40

La pregunta que más a menudo me hacen cuando enseño pintura es: «¿Cómo hago la mezcla para obtener éste u otro color?». Aparte de unas pocas mezclas bien conocidas y comprobadas —azul y amarillo dan verde, rojo y amarillo dan naranja, y otras pocas—, la respuesta más frecuente es simplemente la de experimentar.

En teoría, deberíamos poder obtener por mezcla todos los colores que necesitamos a partir de los tres primarios –rojo, amarillo y azul–, pero incluso con los mejores pigmentos modernos es difícil elegir el rojo, el azul y el amarillo realmente apropiados para obtener cualquier otro color. Así, por ejemplo, una mezcla de azul de ftalocinanina y de bermellón dará marrón y no violeta; para obtener un buen color violeta necesitará azul ultramar y magenta. De forma análoga, no podrá conseguir un verde intenso con azul cerúleo y amarillo de cadmio, ni un naranja bien claro con magenta y amarillo limón. Ésta es la razón por la cual recomiendo que incorpore un naranja, un verde y un violeta de una marca comercial a su gama de pinturas.

Equiparación y mezclado de los colores

En el círculo cromático de la página anterior, tracé una línea divisoria entre los colores que se consideran cálidos y los que se consideran fríos. Hay cierta realidad física tras este concepto, ya que la luz azul y la violeta son realmente más frías que la luz roja, mientras que el infrarrojo, la prolongación invisible del extremo rojo del espectro, genera un calor considerable.

Valorar la temperatura relativa es un concepto muy útil cuando se trata de equiparar o igualar colores, pero he de recalcar que no existe una única manera de hacerlo. En los ejemplos que se ilustran más abajo, sólo hizo falta añadir un color para igualar el objetivo; en otras ocasiones, puede que tenga que hacer más ajustes para conseguir el mismo color. Este proceso requiere menos tiempo para realizarlo que para escribirlo: sólo hacen falta un segundo o dos para añadir y mezclar estos colores.

Cuando le sea posible, practique igualando los colores que vea a su alrededor mezclando pinturas de acuarela. Pronto descubrirá cómo se combinan para producir otros nuevos y cómo incluso un ligero ajuste en las proporciones de los pigmentos de la mezcla puede traducirse en una diferencia importante.

Añadir negro

El negro es un pigmento que despierta no pocos recelos. Es verdad que la presencia de negro en la paleta ofrece la tentación de usarlo para pintar una sombra, la cual casi nunca es negra, y de re-

Aquí intenté igualar el color del cuadrado gris (*superior izquierda*). Intenté adivinar cuál era el matiz más próximo. Empecé con una aguada de azul ultramar: el resultado fue demasiado azul, por supuesto, pero también demasiado frío. Entonces añadí una generosa cantidad de tierra sombra natural, que aportó mayor calidez a la mezcla, y la oscurecí hasta que el color obtenido (*superior derecha*) se viera equiparable.

Este color objetivo es obviamente mucho más cálido, así que empecé aplicando naranja de cromo. El resultado es demasiado cálido y amarillo, así que añadí un poco de negro lámpara para enfriar la mezcla y oscurecerla hasta obtener el color correcto.

Para este color pardo rojizo, empecé con bermellón. El resultado fue también demasiado brillante y cálido, así que añadí azul ultramar.

presentar los modelos negros que también se ven en su mayoría como muchos otros colores, pero si se emplea con moderación para modificar otros colores no tiene parangón.

Mezclar complementarios

Las mezclas de pares de colores complementarios tienen fama de dar como resultado el gris, pero se trata sin duda de una simplificación excesiva. Intente el ejercicio que muestro más abajo. Haga un círculo cromático reducido con los tres colores primarios (rojo, azul y amarillo) separados por los tres secundarios (naranja, verde y violeta). Añada al naranja una pequeña cantidad de su azul complementario y aplique el color resultante junto al primero. A continuación, añada al azul una pequeña mezcla de naranja y coloque la mezcla junto al azul. Haga lo mismo con los otros dos pares complementarios y obtendrá seis colores terciarios sutilmente variables.

Desde la parte superior: si añade un poco de negro lámpara al *gamboge*, obtendrá un verde oliva transparente; si lo añade al azul ultramar, tendrá un magnífico índigo, y si es el bermellón, un limpio rojo de tinta china. Éstos son unos pocos ejemplos de cómo con un poco de negro se pueden modificar otros colores.

COLORES TERCIARIOS A PARTIR DE PARES COMPLEMENTARIOS

Es posible mezclar los pares de colores complementarios para obtener una sutil gama de colores terciarios, que se decantan hacia el color que domina.

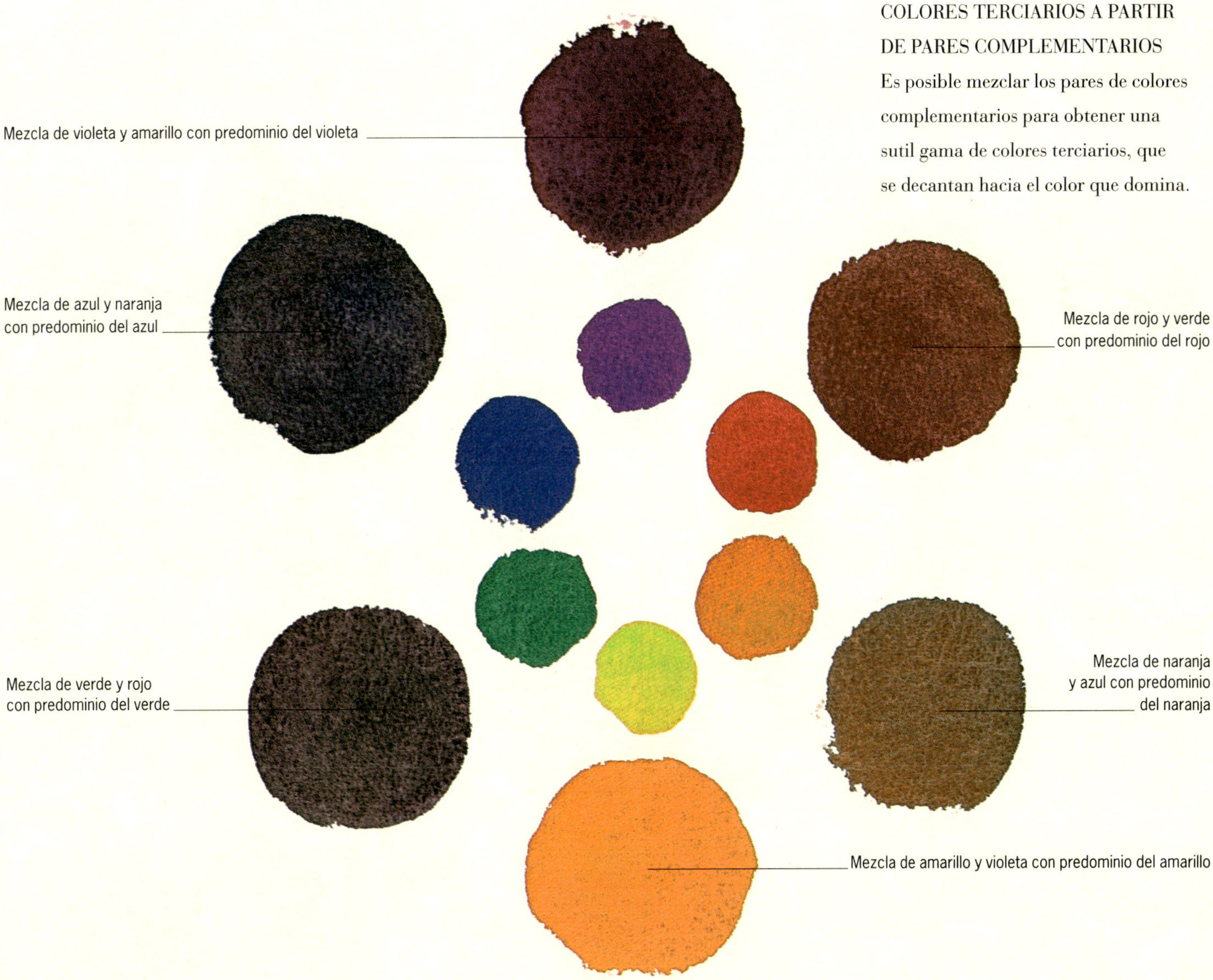

Mezcla de violeta y amarillo con predominio del violeta

Mezcla de azul y naranja con predominio del azul

Mezcla de rojo y verde con predominio del rojo

Mezcla de verde y rojo con predominio del verde

Mezcla de naranja y azul con predominio del naranja

Mezcla de amarillo y violeta con predominio del amarillo

Superponer colores

VÉASE TAMBIÉN:
• Aguadas, pág. 26

Mezclar pinturas en la paleta o en un plato es tan sólo una manera de mezclar colores. La segunda manera —y para los acuarelistas quizás la más importante— es la de superponer varias aguadas de color.

Cuando las pinturas de acuarela se usan a la manera tradicional, el sistema para volverlas más claras no consiste en añadirles blanco sino agua, es decir en preparar una aguada más diluida. Esto es importante cuando se trata de mezclar colores, ya que muchos de los sutiles matices que se observan con frecuencia en las pinturas a la acuarela resultan de la superposición de muchas aguadas transparentes y relativamente pálidas a través de las cuales todavía brilla el blanco subyacente del papel.

Ya pudo ver algo de esto en las págs. 30 a 33 a propósito del paisaje imaginario. Ahora veamos qué es lo que ocurre cuando un gran número de colores se superponen unos sobre otros.

Para este ejercicio, tendrá que dejar que cada una de las aguadas se seque a fondo antes de aplicar la siguiente; de lo contrario, es evidente que los pigmentos se mezclarían físicamente unos con otros, de la misma manera que ocurre cuando se mezclan colores en la paleta.

La finalidad de este ejercicio es descubrir los colores compuestos que perciben sus ojos cuando mira a través de una serie de capas multicolores. Aunque he especificado los colores que utilizo en este ejercicio, puede repetir el experimento con cualesquiera colores que elija para producir una infinita variedad de matices complejos. Dado que cada capa sucesiva acentúa la tonalidad de la aguada, resulta más provechoso mantener las capas bastante pálidas de forma que pueda incrementarse el número de superposiciones posibles antes de que todo el color se vuelva impenetrable.

1 Dibuje un cuadrado de 25 x 25 cm y divídalo en cuadrados de 5 cm de lado. A continuación, aplique una aguada de amarillo limón a toda la superficie y espere a que se seque.

2 Prepare una aguada de naranja de cadmio y cubra diez cuadrados pequeños en uno de los lados del cuadrado grande. Prepare una aguada de azul de cobalto pálido y haga lo mismo en el bloque opuesto de diez cuadrados pequeños.

3 Cuando estas dos aguadas estén secas, aplique otra de azul de cobalto más intensa sobre el bloque de diez cuadrados pequeños del tercer lado y otra de bermellón en el último bloque de diez en el cuarto lado.

4 Cuando todas estas segundas aguadas estén secas, aplique una de azul ultramar sobre los cinco cuadrados más externos de la de bermellón y otra de azul de Prusia sobre los cinco del bloque de azul de cobalto más intenso.

5 Por último, aplique una aguada de magenta sobre los cinco cuadrados más externos del bloque de naranja de cadmio y otra de azul ultramar sobre los cinco del bloque de azul de cobalto pálido. Tendrá ahora una colección de veinticinco colores sutilmente diferentes, resultado de los que ocupan cada uno de los cuatro vértices de la superposición de cinco aguadas.

Mezcla óptica de colores

VÉASE TAMBIÉN:
- Teoría del color, pág. 40

Si se agrupan suficientemente cerca unas de otras pequeñas motas de color, el ojo —o más exactamente, el cerebro— las registrará como una mezcla de colores. Este fenómeno se denomina «mezcla óptica».

La mezcla óptica fue utilizada por un grupo de pintores, en su mayoría franceses, de principios del siglo XX denominados «puntillistas». Estos pintores descubrieron que las pequeñas motas de, por ejemplo, amarillo pálido, azul y quizás malva, dispuestas muy juntas en una pintura transmitían la impresión de un cielo azul con un dinamismo que no podía obtenerse con una mezcla de pigmentos de los mismos colores. También observaron que, si se hacía variar el número de puntos de cada color, la impresión resultante podía modificarse sutilmente para crear así gradaciones de intensidad de tono y de matiz. Aunque este método pictórico no es uno de los pilares de la pintura a la acuarela, que depende sobre todo de los colores compuestos producidos por series de aguadas transparentes, puede encontrar su plena justificación si se introducen colores opacos.

Los sombreados con líneas transversales realizados con pincel o con pluma están relacionados con el puntillismo. Así, por ejemplo, el cruce de líneas azules con amarillas da lugar a verde. Un efecto similar se consigue superponiendo varias texturas coloreadas con un pincel seco que deje parte de la superficie sin cubrir, un tipo de aplicación que se denomina «veladura opaca». Las capas de diferentes colores aplicadas de esta forma combinan la mezcla óptica allí donde las marcas no coinciden y la mezcla por superposición allí donde lo hacen.

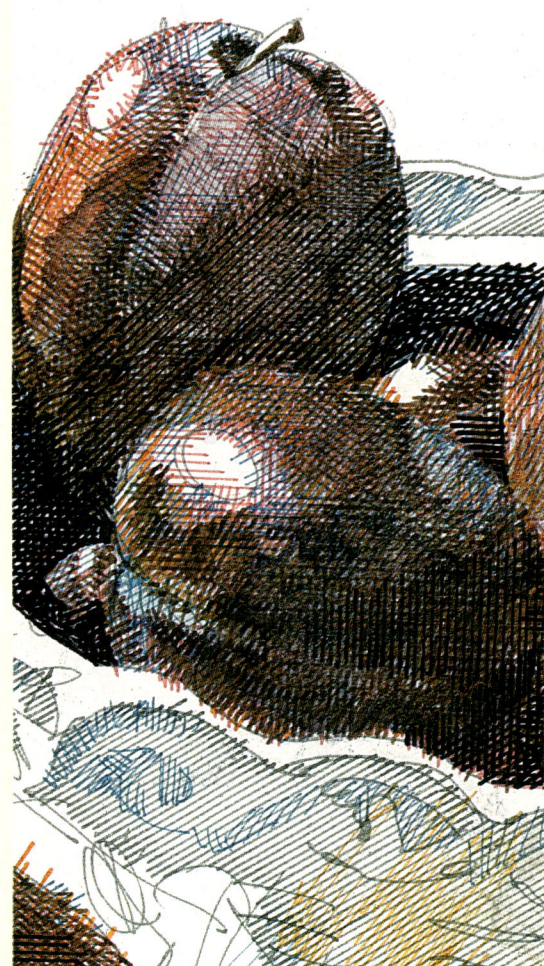

En esta sección ampliada del dibujo, las líneas individuales naranjas, amarillas, azules y negras pueden verse claramente. Los toques de luz se han dejado en blanco y los tonos se han obtenido mediante sombreado con líneas transversales.

Cuando la pintura se examina en su totalidad, las finas líneas transversales del sombreado se combinan en el cerebro del observador para crear el púrpura oscuro de las ciruelas, el anaranjado de la mermelada y las sombras azules de la gallina de porcelana.

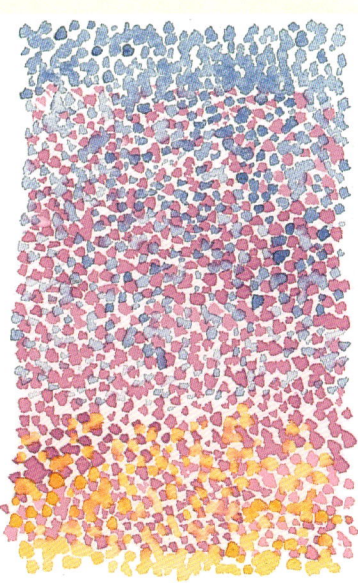

PUNTILLISMO

Superior e izquierda: la disposición de puntos de color muy cerca unos de otros de tal forma que se combinen en el ojo es el mismo proceso que se emplea en la impresión a todo color; la única diferencia es que, en la impresión, los puntos son demasiado pequeños para verlos sin una lente de aumento.

COMPOSICIÓN

Componer con el color

La manera en que se distribuyen los colores de una pintura ejerce una gran influencia en la sensación que transmite dicha obra.

VÉASE TAMBIÉN:
- Teoría del color, pág. 40

Hay muchas teorías que pretenden explicar qué colores combinan entre sí para crear composiciones armoniosas. Dan por sentado que lo que se desea conseguir es la armonía, lo cual no siempre es cierto. En muchas composiciones bien conseguidas, se han empleado colores que impactan por la manera en que chocan en «disonancia». Como hemos visto ya, los colores complementarios deslumbran los ojos cuando se disponen juntos, y puede ser difícil enfocarlos. Gauguin, el gran pintor francés postimpresionista, utilizó esta característica de los colores complementarios y consiguió efectos magníficos colocando juntos, repetidas veces, el azul y el naranja, el malva y el amarillo, y el rojo y el verde.

Por otra parte, los colores que son vecinos próximos en el círculo cromático no presentan riesgo alguno de chocar de forma discordante, ya que siempre armonizan fácilmente cuando están juntos. Así, por ejemplo, una composición en la que todos los colores sean variaciones de azules y verdes es probable que resulte armoniosa, y lo mismo puede decirse de las composiciones de azules y púrpuras, o de rojos y naranjas. El único problema es que pueden resultar un poco aburridas. La adición de incluso una pequeña cantidad de contraste con colores complementarios aviva la composición y siempre funciona bien.

Armonías de colores próximos y manchas complementarias

Puede experimentar con estas combinaciones de colores para realizar formas abstractas. Recuerde que la inclusión de una pequeña área de un par de colores complementarios para equilibrar una gran superficie de otro color puede funcionar igual de bien si se hace a la inversa: una composición en la que predomina el verde se beneficia de una mancha de rojo, al igual que una gran masa de rojo adquiere vivacidad con un poco de verde.

Cuantas más pruebas de este tipo realice con las aguadas, más se familiarizará con su manera de comportarse, con los cambios de intensidad al secarse y con la forma en que los colores se mezclan e interactúan. Vale la pena experimentar de esta manera, ya que no sólo le permitirá actuar con mayor libertad sino también estar mejor preparado para las situaciones reales, cuando las exigencias de la observación y la selección resultan a menudo inhibidoras.

AZULES Y NARANJA
Una composición de distintos azules funciona bien con una mancha complementaria de naranja.

ROJOS Y VERDE
Análogamente, una pequeña cantidad de verde complementario hace resaltar una serie de pinceladas de varios rojos cálidos.

AMARILLO Y MALVA
Del mismo modo, una composición en su mayor parte amarilla se beneficia de la adición de una pequeña superficie contrastada de malva.

VISTA DESDE LA CATEDRAL, UZÈS

Mire esta composición paisajística: la fuerte línea de perspectiva de la pared le permite a uno entrar en el cuadro. Parece como si se deslizara en línea recta hacia la izquierda de la composición, pero de repente cambia de dirección; justo allí donde gira hacia la izquierda otra vez, hay una figura con un vestido rosa cuya cabeza sobresale por encima del horizonte y atrae la atención de un modo inexorable. No estoy sugiriendo que las composiciones deban verse constreñidas por el uso de reglas como ésta. Cuando se mira un tema, la elección del punto de vista puede hacerse de una forma inconsciente de modo que el patrón inherente a la composición se vaya revelando a medida que se va pintando.

DIAGRAMA CON ROTULADOR DE FIELTRO

La prominencia de una figura tan pequeña se debe tanto al contraste creado por el color brillante como a su posición. Aunque queda bastante lejos del centro, parece estar en el centro de unas líneas fuertes y activas, y queda equilibrada por el amplio triángulo de las colinas y el valle. El centro de interés secundario en el plano a media distancia de la derecha lo proporcionan las pequeñas variaciones de los árboles más claros, la tira rosada del tejado y el pequeño arco de la carretera.

Equilibrio

El éxito de una composición también depende de cualidades tales como el equilibrio y el desequilibrio o los centros de interés primario y secundario, y éstos a su vez vienen determinados por una combinación de líneas y de formas, así como por el color.

La manera exacta en que estos elementos deben disponerse para crear una composición lograda y el porqué ciertas disposiciones parecen ser más satisfactorias que otras no siempre están claros. El equilibrio constituye un elemento indispensable de la composición y es evidente que una disposición simétrica en la que el tema principal se sitúa exactamente en el centro de la composición proporciona dicho equilibrio. Sin embargo, las disposiciones completamente simétricas pueden resultar aburridas; desplazar el centro de interés a una corta distancia del centro real y equilibrarlo con una zona de interés secundario es, sin duda, una manera más amena de conseguir una agradable sensación de equilibrio.

Hay ciertas «reglas» que sugieren, por ejemplo, que se debe evitar colocar los centros de interés demasiado cerca de los bordes de la composición y que los modelos de dicha composición deben o bien estar solapados, o bien separados unos de otros y sin tocarse. Existen sistemas que permiten realizar agradables formas y divisiones de las mismas de una forma matemática, pero por lo general la manera en que se disponen los elementos de una pintura depende del criterio individual del artista.

BARCAS EN LA PLAYA, PORTUGAL
A los pescadores portugueses les gusta pintar sus barcas con colores brillantes al menos en la parte superior. En esta pintura de dos barcas en una playa de Lagos, en el Algarve, los pequeños acentos de rojos, azules, amarillos y verdes brillantes contrastan con los tonos pardos amarillentos y malva grisáceos que cubren la mayor parte de la superficie de la pintura. En la escena real aparecía un fondo bastante complejo de agua y barcas atracadas, pero preferí prescindir de él para mantener la atención sobre las formas de las barcas varadas en la playa y las sombras proyectadas por ellas.

DIAGRAMA DE CONTÉ
Aquí, el color brillante se halla confinado a una superficie relativamente pequeña que queda equilibrada por grandes áreas de colores apagados con intensas sombras.

BRIGNON, SUR DE FRANCIA

La poderosa luz estival introduce en este paisaje de una calle de pueblo fuertes contrastes tonales, pero el color está muy apagado. Las paredes de piedra son de colores pálidos e incluso la pavimentada calle está decolorada por la luz solar hasta un azul más claro que el cielo. Los verdes y los azules son colores muy apreciados para pintar las puertas y las contraventanas en esta región de Francia, pero los tejados suelen ser rosados o anaranjados. Así, aunque los elementos principales de la composición son la intensa cuña de los edificios sumidos en la sombra de la derecha y la sombra que proyectan en la calle, el rojo herrumbroso de la verja de entrada a la casa principal y el atisbo de rosas más cálidos allí donde la calle dobla la esquina en el centro de la pintura avivan una composición que es esencialmente contenida.

DIAGRAMA DE CONTÉ
Esta versión simplificada muestra cómo la atención se concentra en la verja de entrada (dentro del círculo rojo).

Líneas y aguadas

Dibujo y pintura combinados

En la pintura a la acuarela, todos los dibujos preliminares a lápiz quedan normalmente ocultos bajo la pintura final. Ahora bien, si el dibujo continúa siendo dominante incluso después de la aplicación de las aguadas, la técnica se denomina «de líneas y aguadas».

VÉANSE TAMBIÉN:

- Lápices y plumas, pág. 22
- Interiores en líneas y aguadas, pág. 130

El dibujo puede hacerse con cualquier medio para trazar líneas –lápiz, tiza, pluma y tinta–, a condición de que las líneas conserven al menos la misma o más importancia que las aguadas. No tienen por qué ser negras o monocromáticas: los pasteles solubles al agua o la pluma y las tintas de colores funcionan muy bien con las aguadas. Con frecuencia, mojo en agua la plumilla cargada de tinta para diluir esta última. Aunque algunos artistas recomiendan utilizar agua destilada para diluir las tintas, en este caso no me hizo falta hacerlo.

Si su dibujo está hecho con pluma y tinta, es mejor usar tinta impermeable para que las líneas no se emborronen cuando aplique las subsiguientes aguadas de acuarela. Por supuesto, las líneas del dibujo pueden añadirse una vez se han secado estas últimas, pero en este caso ya no podrá añadir otras más tarde.

PLAZA DE TOROS DE ARLÈS, FRANCIA
Este edificio es un antiguo anfiteatro romano donde se celebran corridas de toros (y otros espectáculos menos crueles). Utilicé una pluma con plumilla y tinta china, creando algunos tonos mediante sombreados con líneas transversales (a veces tiznados con la yema del dedo), y también añadiendo aguadas de acuarela negra.

NATIONAL GALLERY DE ESCOCIA, EDIMBURGO

Hice este dibujo durante una visita al Festival de Edimburgo, que se celebra cada agosto. Durante el mismo, las calles están muy animadas, llenas de actores callejeros y de visitantes. Hice el dibujo a lápiz, esbozando la gente tan rápido como pude, y añadí luego las aguadas de color.

TECHOS CON TEJAS, PROVENZA, FRANCIA

Los dibujos con líneas y aguadas pueden hacerse con un simple rotulador de punta de fibra, a condición de que esté lleno de tinta soluble al agua. Ni siquiera necesita pinceles: puede emplear el dedo y la saliva para extender las líneas lo suficiente como para crear tonos. Cuanto más cerca estén las líneas transversales de los sombreados, más oscuro será el tono.

Materiales

Papel de acuarela rugoso de 300 g/m²
Pluma con plumilla de tamaño medio
Tinta negra impermeable
Pinturas de acuarela: tierra sombra natural, tierra de Siena natura y tostada, azul de cobalto, azul de ftalocianina, amarillo de cadmio, magenta permanente, azul ultramar, verde esmeralda
Pinceles: grande

1 Esta escena de calle exige un tratamiento lineal. Con una pluma con plumilla de tamaño medio y tinta negra impermeable, esboce la escena, estableciendo correctamente la perspectiva. Observe que las líneas del tejado, la puerta y las ventanas (las horizontales verdaderas) tienen distintos grados de inclinación, ya que convergen en un punto de fuga que queda oculto por la calle ascendente.

2 Empiece añadiendo un poco de detalle a la obra de piedra y recuerde que, dado que los ladrillos están dispuestos en hileras horizontales, fugan hacia los mismos puntos que las ventanas y los tejados. Indique de forma suelta alguna textura en los árboles de la parte más alta de la calle y en los edificios con garabatos sueltos o bien tiznando la tinta húmeda con el dedo.

3 Prepare una generosa cantidad de aguada muy acuosa, pálida y de color piedra, con tierra sombra natural y tierra de Siena natural. Con un pincel grande para aguadas, aplique una sobre la totalidad del papel. Deje secar.

4 Humedezca la zona del cielo con agua limpia. Mezcle azul de cobalto y azul de ftalocianina y haga gotear la mezcla sobre la superficie del cielo mientras el papel está todavía húmedo. Haga gotear amarillo de cadmio sobre el fondo del área del cielo, inclinando el tablero hacia atrás para que la pintura se escurra hacia la parte superior. Deje secar.

5 Añada tierra de Siena natural y un poco de magenta permanente a la mezcla azul que empleó en el paso 4, y aplique la aguada a todas las superficies que están en la sombra. Observe que el edificio principal de la izquierda proyecta su sombra sobre de la calle y sobre la pared frontal del edificio de enfrente. Diluya ligeramente la mezcla para pintar la fachada del edificio siguiente y su sombra con el borde festoneado. Deje secar.

6 Para el enlucido desconchado de los edificios, mezcle más tierra de Siena natural con un toque de la mezcla de sombra que utilizó en el paso 5. Sin salirse de las líneas del dibujo, pase una pincelada de este color sobre los edificios. Deje secar.

LÍNEAS Y AGUADAS

7 Mezcle tierra de Siena tostada con un toque de la mezcla de sombra que utilizó en el paso 5 y aplique esta mezcla bajo los aleros para oscurecer las sombras. Añada más tierra de Siena tostada a la mezcla y pinte la puerta en la parte inferior de la pintura. Añada más tierra de Siena natural y pinte las contraventanas de las ventanas superiores. Prepare un naranja oscuro con amarillo de cadmio y tierra de Siena tostada, y pinte las macetas.

8 Oscurezca la sombra que se proyecta sobre la calle y utilice el mismo color para los huecos de las ventanas en los edificios de la izquierda. Añada textura al edificio de la derecha dejando caer toques del color de sombra, húmedo sobre seco. Mezcle verde esmeralda con un poco de amarillo de cadmio y puntee con este color las zonas de verdor entre las macetas y en los árboles del final de la calle.

MÁSCARAS Y RESERVAS

Tipos de máscaras

El enmascarado o reserva sirve para proteger ciertas superficies del papel de la pintura, de tal forma que en ellas pueda conservarse la blancura de este último sin pintar o bien las primeras aguadas de colores claros.

VÉANSE TAMBIÉN:
- Hierba y pintura desconchada, pág. 58
- Métodos alternativos, pág. 148

La pintura de acuarela a la manera tradicional avanza desde lo claro hasta lo oscuro, lo que significa que las zonas más claras deben dejarse inalteradas a medida que se van añadiendo gradualmente aguadas en torno a ellas para obtener los tonos más oscuros. Cuando estas superficies son pequeñas y detalladas, puede ser muy difícil pintar a su alrededor con los tonos más oscuros. El problema puede resolverse enmascarándolas para evitar que las aguadas lleguen hasta ellas.

Existen varios métodos para conseguir esto, con distintos niveles de precisión y de eficacia. Los siguientes ejercicios le permitirán dominar las técnicas de uso de máscaras o reservas antes de aplicarlas a una obra de mayor envergadura.

No olvide que las máscaras y reservas pueden emplearse para proteger aguadas en cualquier fase de una pintura. Por lo demás, si enmascara una zona y luego quita la reserva, podrá aplicar aguadas encima de toda la superficie, modificando así los efectos pero sin eliminarlos por completo.

Cinta de enmascarar

La cinta de enmascarar con escasa adherencia es muy apropiada para cubrir grandes superficies y puede recortarse para cubrir áreas más pequeñas. Ofrece bordes nítidos a las aguadas, pero procure no engancharla con excesiva firmeza, ya que de lo contrario podría arrancar parte de la superficie del papel al quitarla.

1 Enganche finas tiras de cinta de enmascarar de escasa adherencia en un trozo de papel de acuarela. Dé algunas pinceladas dejando algunos espacios en blanco y deje secar a fondo.

2 Al quitar la cinta de enmascarar, aparecerán líneas definidas y concisas allí donde la cinta ha reservado de la pintura al papel.

3 Aplique más pintura, dejando otra vez sin pintar algunos de los espacios en blanco.

Máscara líquida

La máscara líquida es una solución de látex que puede aplicarse con un pincel o una pluma y es totalmente impermeable al agua cuando está seca. Pueden aplicarse aguadas sobre las superficies enmascaradas; cuando estén completamente secas, quite la máscara frotando suavemente el residuo seco con las yemas de los dedos.

Si la aplica con un pincel, es mejor emplear uno viejo ya que, aun cuando se puede lavar, se seca con rapidez y entonces es casi imposible disolverlo. El residuo seco y elástico de la máscara puede eliminarse fácilmente de las plumillas, y otros utensilios tales como los palitos o las cerillas de madera pueden descartarse después de su uso.

Cera

La cera de las velas resiste las aguadas y, por tanto, enmascara las superficies que cubre. Sin embargo, no es fácil de quitar y es bastante aleatoria en su aplicación, aunque en esto mismo reside su encanto: nunca se sabe del todo qué pasa al aplicar aguadas sobre zonas cubiertas de cera.

1 Frote una vela doméstica ordinaria sobre un papel de acuarela trazando una serie de líneas en zigzag. Aplique una aguada de acuarela encima y deje secar. La cera reserva la pintura.

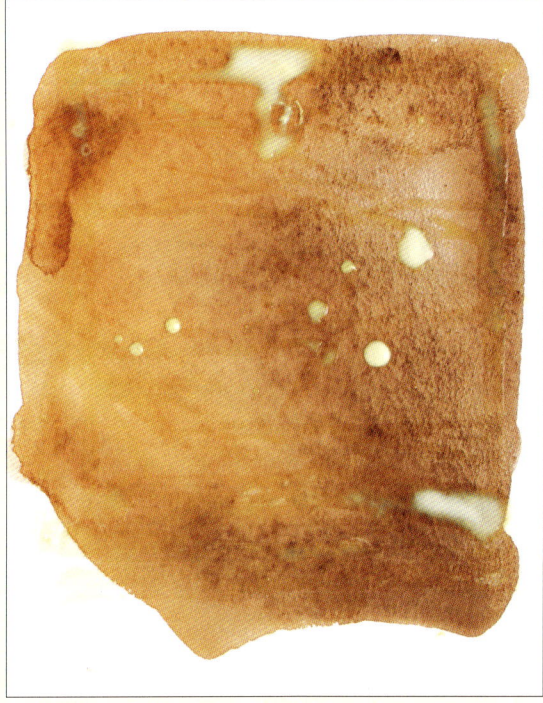

1 Aplique la máscara líquida sobre una aguada seca. Deje secar a fondo.

2 Pinte encima del residuo seco de la máscara líquida.

3 Quite el residuo seco de la máscara líquida con las yemas de los dedos para dejar al descubierto la aguada inicial.

2 Frote más cera de vela sobre la aguada con un movimiento circular. Pinte con acuarela encima de la cera. Si emplea suficiente pintura podrá cubrir la cera, lo que no sucede con la máscara líquida, que crea una reserva impenetrable.

Hierba y pintura desconchada

Reproducir con precisión las numerosas texturas con las que puede encontrarse resulta excesivo e innecesario. Es mejor crear texturas completamente nuevas, y las máscaras y reservas le brindan la oportunidad de hacer precisamente eso.

VÉANSE TAMBIÉN:
- Tipos de máscaras, pág. 56
- Texturas y aditivos, pág. 60

Materiales

Lápiz 4B

Pinturas: tierra de Siena natural, azul ultramar, tierra de Siena tostada, magenta permanente, azul de cobalto, azul cerúleo, amarillo de cadmio, sepia, negro lámpara

Pinceles: pincel grande, pincel viejo y fino

Papel de acuarela rugoso de 300 g/m²

Vela

La pintura desgastada produce hermosos dibujos y texturas cuando se desconcha y revela los colores subyacentes. Si aplica una aguada para reproducir la capa de pintura inferior, luego aplica una reserva de cera y a continuación una aguada del color de la capa superior, creará un efecto muy realista difícil de obtener tan sólo con aguadas.

El dibujo de la hierba contra la sombra en el primer término de este tema podría reproducirse pintando con esmero en torno a los tallos, pero aquí estos elementos estaban reservados con la máscara líquida. Este procedimiento permite ahorrar tiempo y, lo que es más importante, pintar de una manera mucho más libre.

1 Con un lápiz 4B, esboce el contorno de las barcas y la hierba. Luego aplique una aguada de tierra de Siena natural pálida sobre los cascos de las barcas en primer término y aplique una aguada más concentrada de tierra de Siena natural a la regala de las dos barcas más próximas. Prepare un color gris mezclando azul ultramar y tierra de Siena natural, y aplíquelo a la regala de la siguiente barca. Deje secar.

2 Frote suavemente un trozo de vela doméstica ordinaria sobre las superficies de las barcas donde la pintura esté desconchada.

3 Prepare un marrón rojizo intenso mezclando tierra de Siena natural con magenta permanente y aplíquelo a la regala de la barca en primer término que había quedado reservada por la cera aplicada en el paso 2. Aplique una mezcla de azul de cobalto y azul cerúleo sobre la aguada gris de la otra embarcación para obtener un efecto similar. Deje secar.

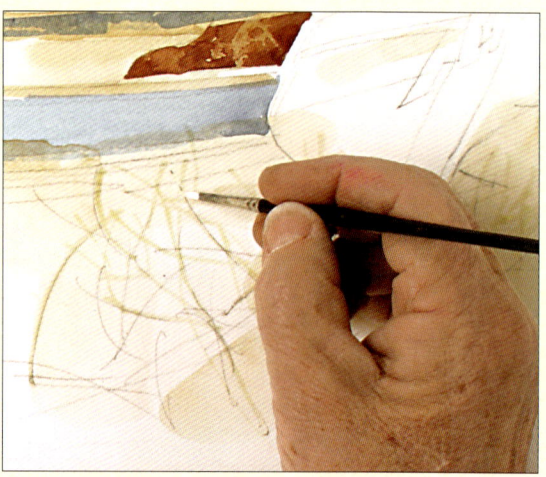

4 Con un pincel viejo (lávelo después de cada pincelada), pinte las líneas de la hierba del primer término con máscara líquida. Deje secar.

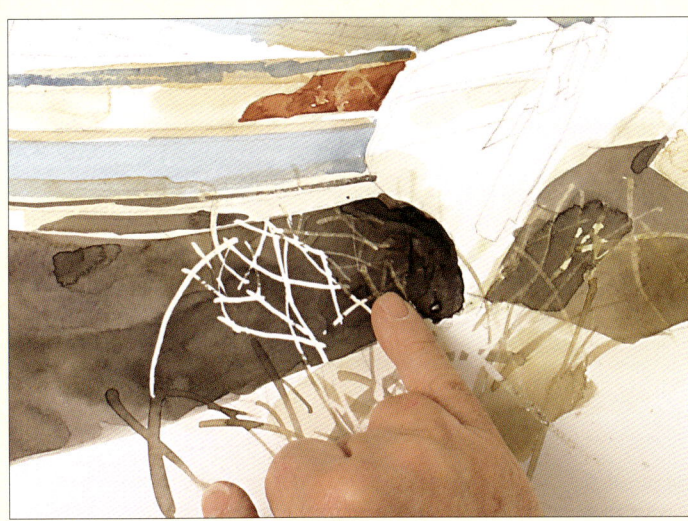 

5 Aplique una aguada concentrada de sepia mezclada con negro lámpara sobre la zona de sombra en primer término, debajo de las barcas. Deje secar. Mezcle la aguada de sombra con tierra de Siena natural y dé amplias pinceladas con este color sobre el primer término inmediato para sugerir briznas de hierba. Deje secar. Borre la máscara líquida de enmascarar para dejar al descubierto líneas blancas allí donde la pintura no ha tocado el papel.

6 Las líneas enmascaradas blancas sobre un fondo oscuro suelen crear un contraste demasiado abrupto, como sucede aquí. Si éste es el caso, aplique aguadas de color encima de ellas para reducir el contraste y completar la impresión de los tallos de hierba contra la sombra.

7 Continúe trabajando a lo ancho de la pintura, completando los colores de las barcas con azul cerúleo, azul de cobalto y azul ultramar. Mezcle este último con negro lámpara y utilice este color para los entrantes o zonas huecas que están en la sombra.

TEXTURAS Y ADITIVOS

VÉANSE TAMBIÉN:

- Accesorios para las acuarelas, pág. 24
- Métodos alternativos, pág. 148
- *Collage* de terreno arbolado, pág. 150

Aunque las aguadas suelen aplicarse con pinceles, hay otros sistemas para colorear el papel, así como varias sustancias que pueden añadirse a la pintura; todas ellas pueden crear una gran variedad de enriquecedoras texturas.

En primer lugar, están las distintas maneras de rociar color sobre el papel, desde dar golpecitos a un pincel cargado de pintura o estirar hacia atrás y soltar las cerdas de un cepillo de dientes viejo para hacer caer pequeñas gotas de pintura, hasta crear un fino aerosol con un aerógrafo. A continuación vienen accesorios tan primitivos como ramillas, plumas y plumas de madera toscamente cortadas, cuyo trazo es menos controlado que el de la plumilla de una pluma manufacturada.

También puede aplicarse color a una superficie con trozos de tela o con papel estrujado. Cualquier objeto que tenga una superficie con mucha textura puede entintarse para imprimir dicha superficie como parte de una pintura a la acuarela. Si no le molesta ensuciarse, las manos y los dedos son excelentes medios para aplicar acuarelas y a la vez obtener ricas texturas.

También hay varias sustancias que pueden añadirse a la pintura o dejarse gotear sobre la pintura húmeda que cubre el papel. La hiel de buey es un agente humectante que incrementa la fluidez de la pintura; si se deja gotear sobre una aguada, produce un flujo inmediato y espectacular al alejarse del punto de impacto. La goma arábiga mezclada con una aguada la hace más frágil, con lo que las salpicaduras de agua subsiguientes crean motas de color. Puede obtenerse un efecto similar si se esparce sal sobre una aguada húmeda, de modo que los cristales absorban el color en los puntos donde caen.

AERÓGRAFO

La pulverización de gotitas tan finas como éstas puede crear contrastados negativos de reservas hechas con papeles.

SALPICADURAS CON EL CEPILLO DE DIENTES

Gotitas de mayor tamaño y menos controlables producidas al pasar el dedo por un cepillo de dientes cargado de pintura; las pinceladas circundantes sirven para dar énfasis.

HIEL DE BUEY

Si se dejan caer unas cuantas gotas de hiel de buey pura en una aguada húmeda, el color se escurre alejándose del punto de impacto de un modo espectacular.

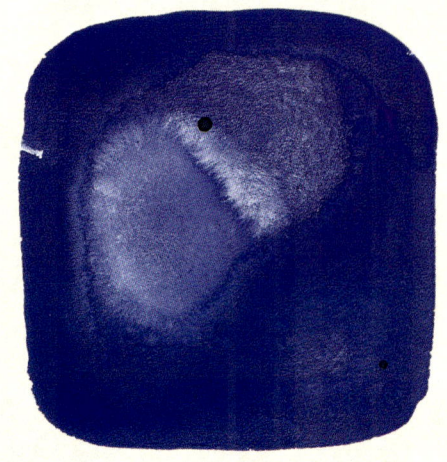

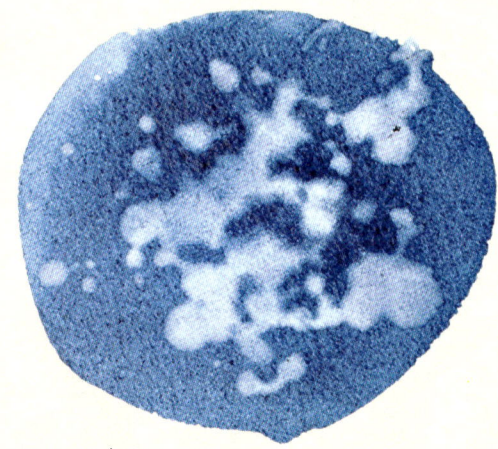

GOMA ARÁBIGA

Si se mezcla un poco de goma arábiga con una aguada, ésta se vuelve más frágil, de modo que, incluso cuando esté seca, podrá disolverse con gotas de agua limpia.

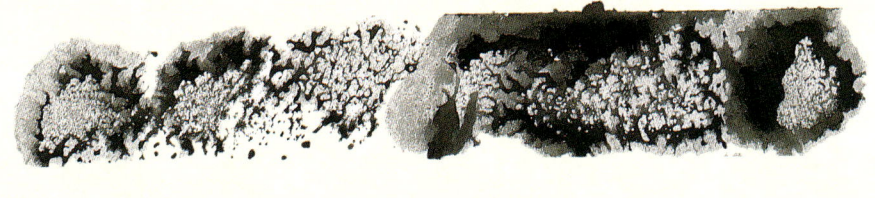

QUITAR EL COLOR CON PAPELES
Esta textura se ha creado simplemente presionando trozos de papel sobre aguadas húmedas y levantándolos a continuación.

PLUMA DE BAMBÚ
Las plumas no sólo admiten tinta; estas marcas están hechas con acuarela y una pluma de bambú de punta ancha.

HUELLAS DACTILARES
Puede crear una interesante textura si toca una aguada húmeda con el dedo e imprime su huella en el papel.

ROCIAR SOBRE HÚMEDO
Rociar pintura sobre una aguada húmeda con un aerógrafo, un cepillo de dientes o un pincel produce resultados impredecibles.

BORDES DE CARTULINAS
Pase el pincel por el borde de una cartulina y presiónelo sobre la superficie que vaya a pintar para crear líneas rectas.

CRISTALES DE SAL
Cuando se esparcen cristales de sal sobre la superficie de una aguada todavía húmeda, éstos absorben el color dejando estas marcas características.

IMPRESIÓN DE TELAS
Si pasa el pincel con pintura húmeda sobre distintas telas y las aprieta sobre la superficie, obtendrá toda una serie de texturas.

PAPEL ESTRUJADO
Estruje papel, mójelo en una aguada de color y apriételo contra la superficie. El papel de periódico, los pañuelos de papel, el papel de calco e incluso materiales tales como el plástico para envolver comida pueden emplearse de esta forma para crear texturas.

GOUACHE Y TÉCNICA MIXTA

Colores opacos

VÉASE TAMBIÉN:
- Pinturas al agua opacas, pág. 16

El gouache evita tener que avanzar de lo claro a lo oscuro mediante la superposición de aguadas, así como pintar colores más claros sobre otros más oscuros.

Las pinturas *gouache* están diseñadas para tener más cuerpo y cubrir con más densidad que las acuarelas puras y se emplean en capas opacas. Los colores pueden mezclarse en una paleta plana en vez de en platillos. Si se introducen otros pigmentos tales como tintas e incluso pasteles, el método se conoce como «técnica mixta».

Una desventaja del *gouache* es la pérdida de la transparencia que caracteriza a las acuarelas puras, aunque es posible conservar cierta luminosidad en las zonas oscuras si se usan aguadas y se aplican capas gruesas sólo en los tramos claros.

La gran ventaja del *gouache* es que la pintura se puede cambiar y corregir más o menos de forma indefinida. Prácticamente no hay límite en el número de capas que pueden aplicarse. Sin embargo, existe una dificultad que deberá tener en cuenta: la pintura aplicada sobre otras capas gruesas se ve como un color cuando se aplica, pero como otro color bastante distinto cuando se seca. Esto significa que tendrá que esperar un poco, observar cómo ha cambiado el color aplicado y, si es necesario, hacer los cambios apropiados en la mezcla.

GOUACHE Y ACUARELA
Para enfatizar el contraste entre interior y exterior, se aplicaron *gouaches* de color blanco y de tonos muy claros de azul y amarillo sobre una pintura a la acuarela subyacente.

GOUACHE SOLO
Con el *gouache* aumenta la posibilidad de reproducir una flor tan pálida como ésta. Este tipo de pintura permite, además, manipular la forma de la luz contra el fondo oscuro.

ACUARELA, *GOUACHE* Y LÍNEAS A PLUMA
Aquí se hizo un dibujo a pluma con tinta sobre aguadas de color y se utilizó luego el *gouache* para las luces y los toques de luz.

Techos de tejas

Una vez haya decidido usar una pintura opaca como el gouache, *ya no le hará falta conservar una superficie blanca para las primeras capas de color, ya que podrá añadir los tonos más claros a medida que avance la obra.*

> **VÉANSE TAMBIÉN:**
> - Superficies, pág. 17
> - Colores opacos, pág. 62

Materiales

Papel de acuarela prensado en frío y tensado

Pinturas *gouache*:
azul ultramar, verde de ftalocianina, negro lámpara, tierra de Siena natural, negro azabache, naranja de cadmio, amarillo brillante, blanco permanente, tierra sombra natural, bermellón, magenta, azul de ftalocianina

pinceles: de marta Kolinsky para mezclas grande y de extremo cuadrado, chinos o redondos, grande y mediano

Para mostrar la capacidad que tiene el *gouache* de cubrir los colores oscuros con otros más claros, empecé este proyecto aplicando una aguada de densidad media e intensamente coloreada como base a partir de la cual la obra podía avanzar en ambas direcciones, hacia lo claro y hacia lo oscuro. Elegí el azul ultramar como contraste frío con los colores en gran parte cálidos de las tejas iluminadas por el sol en esta vista de tejados en el sur de Francia.

Pintar sobre un fondo claro tiene la ventaja adicional de conferir a la pintura, ya desde el principio, una sensación de unidad en la composición. Dado que el *gouache* ofrece la posibilidad de cubrir los colores oscuros con otros más claros, se corre el riesgo de perder esta armonía cromática inicial al destruir toda huella de la pintura subyacente unificadora. Para evitar este problema, tendrá que conservar algo del fondo coloreado como parte de la pintura terminada siempre que sea posible.

Dado que, en este caso, la pintura subyacente es azul –un color frío–, se puede dejar que aparezca en las zonas de sombra. Esto puede conseguirse ya cubriendo parcialmente la capa subyacente con un pincel seco de modo que el azul que ha quedado intacto se muestre a través, ya aplicando aguadas de color en las zonas de sombra, lo que permite que el azul brille a su través. El hecho de que pueda cubrir por completo las capas subyacentes no significa que siempre tenga que hacerlo.

1 Aplique una aguada de azul ultramar sobre la superficie. Tal vez tenga que aplicar una segunda para obtener un color suficientemente intenso.

2 Con el pincel redondo mediano, señale los elementos principales de la composición mezclando verde de ftalocianina con negro lámpara para la colina del fondo y los bordes más oscuros, y tierra de Siena natural con negro azabache para las primeras indicaciones de las paredes. Incorpore algunas motas de naranja de cadmio y de amarillo brillante, añadiendo blanco allí donde la luz incide sobre las cúspides de los tejados y cerca de la pared.

3 Pinte las paredes en sombra, creando veladuras opacas (esto es, arrastrando la pintura para que los colores subyacentes aparezcan a través) con distintas mezclas de tierra de Siena natural, tierra sombra natural y negro. Establezca el color de algunas de las tejas más claras con una mezcla de *gouaches* de colores blanco y bermellón.

5 Con un pincel grande chino o redondo, cree veladuras opacas con una aguada más oscura de azul ultramar y negro azabache sobre la pared más próxima como una capa inferior. Prepare un malva mezclando azul ultramar, magenta y blanco brillante, y esboce la colina más distante. Pinte el cielo con azul de ftalocianina y blanco.

4 Pinte la colina del fondo y algunas formas de árboles con distintas mezclas de verde de ftalocianina, tierra de Siena natural y amarillo. Empiece a pintar los colores pálidos del tejado con mezclas claras de amarillo, naranja y blanco.

7 Para completar el esbozo, reforcé la luz del sol sobre los muros de las casas en primer término con cálidos tonos de tierra de Siena natural, amarillo y blanco. Asimismo, apliqué en la tapia del primer plano varias mezclas de tierra sombra natural, tierra de Siena natural, negro y blanco.

6 Continúe añadiendo tonos cálidos en los tejados. No es necesario calcular la perspectiva de cada edificio, basta con mirar el patrón de las entregas entre los distintos tejados. En esta fase también cubrí gran parte de la pintura subyacente de la ladera, desde la carretera del fondo hacia abajo, con un verde medio y añadí más formas de árboles.

8 Por último, decidí aclarar un poco el cielo y cambiar el color de las colinas distantes. Quizás tenga la sensación de que estos cambios no han sido muy logrados y que el cuadro era antes más espectacular; yo también me inclino a pensar esto mismo, pero el ejercicio sirve para mostrar lo fácil que es hacer importantes cambios empleando *gouaches*.

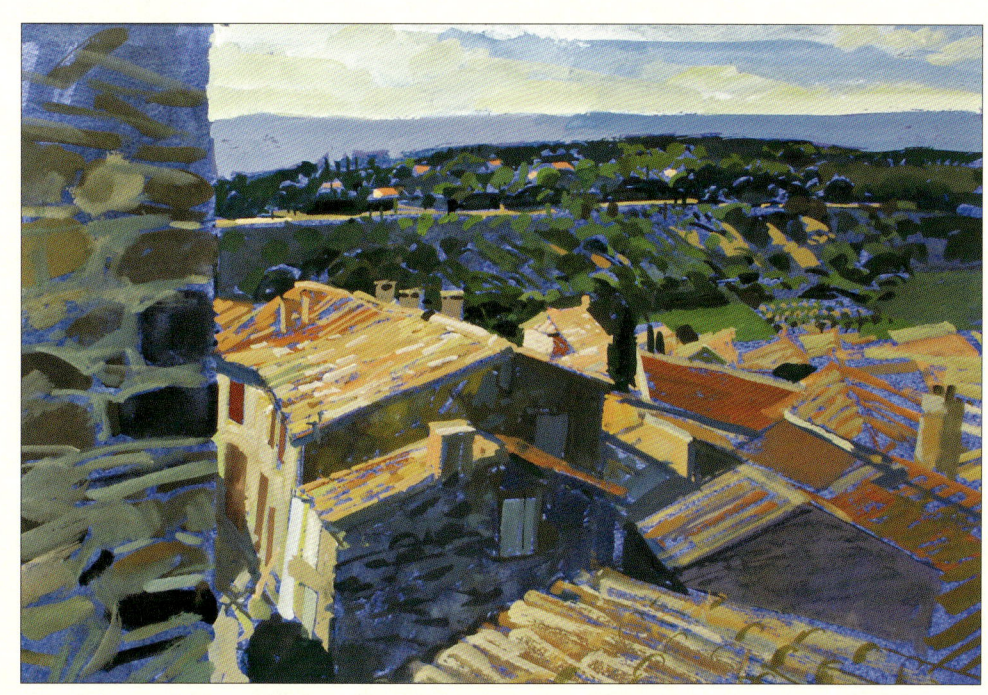

Pintar cuadros con acuarelas

Hay algunos temas que parecen pedir a gritos el frescor y la transparencia que las acuarelas brindan de una forma tan natural: por ejemplo, las flores y las frutas, el agua y las nubes. Otros temas, como los paisajes y los interiores, se benefician de múltiples aguadas que al combinarse crean una mayor riqueza de tonalidades y colores.

La pintura de paisajes es probablemente la que más se ha beneficiado de este particular método de aplicar aguadas de color claro, una manera de pintar que apareció justo cuando los artistas estaban empezando a buscar maneras de plasmar los efectos de la luz solar y de la atmósfera.

Para los interiores, la acuarela no siempre es la técnica de primera elección, ya que los efectos atmosféricos son menos importantes que en los temas al aire libre, aparte de que puede haber formas decorativas y objetos geométricos que ofrecen menos posibilidades para aplicar tratamientos interpretativos. Aun así, los delicados efectos de la luz que entra por las ventanas pueden representarse de una forma muy bella con las acuarelas.

Es probable que el tema más difícil para el acuarelista en proceso de formación sea la figura humana, y en especial la cara humana, donde es tan limitado el margen de error. Aun así, no hay razón para desanimarse: no hay nada inherentemente difícil en pintar una cara, el único problema es que en este caso el observador es mucho más crítico.

En los proyectos que expongo a continuación, o bien he intentado armonizar mi técnica con el tema o bien he sugerido un procedimiento alternativo. Espero que al describir el tratamiento pictórico le ayude a tomar sus propias decisiones sobre cómo proceder; pero sólo se trata de sugerencias que no tiene porqué seguir al pie de la letra.

NATURALEZAS MUERTAS

Bodegones de frutas y vegetales

El objetivo de este proyecto es crear una naturaleza muerta con una rica mezcla de textura y color. Cuando seleccione los modelos, busque una combinación de formas vigorosas y de colores limpios, así como una cierta proporción de diseño artificial.

VÉANSE TAMBIÉN:

- Equilibrio, pág. 50
- Tipos de máscaras, 56
- Métodos alternativos, pág. 148

Materiales

Papel de acuarela rugoso de 185 g/m², pretensado
Pinturas de acuarela: amarillo limón, verde esmeralda, tierra de Siena natural, azul de cobalto, índigo, carmín, amarillo de cadmio, azul ultramar, bermellón, naranja de cadmio, negro lámpara, tierra sombra natural, verde de ftalocianina
pinceles: grande para aguadas, redondos de varios tamaños
Cinta de enmascarar
Cepillo de dientes viejo
Papel de periódico viejo
Trapos o toallas de papel

Hay ocasiones en que la falta de tiempo y la necesidad de brillos, o incluso los colores naturales, exigen una técnica muy directa. En la pintura al óleo este procedimiento se denomina pintura *«alla prima»*: los colores se mezclan previamente y se aplican con toda su fuerza en vez de perfilarse en capas. Para mostrar este enfoque en la acuarela, preparé un bodegón con mucho color. No hay dibujo preliminar y gran parte del papel se deja en blanco.

Cuando prepare un tema para este ejercicio, elija frutos o verduras con formas vigorosas y colores diáfanos. Yo escogí apio, una berenjena y un limón, además de algunas hojas de laurel. Intente incluir algo que tenga tallos finos y un tono claro que pueda colocarse contra un modelo oscuro. Unifique el conjunto situando los modelos en algún tipo de plato, sobre un fondo oscuro y con textura. Yo coloqué el plato rojo sobre un alféizar de pizarra y apuntalé trozos de pizarra detrás del conjunto. Si hace sol, coloque el conjunto al aire libre; de lo contrario, ilumine el bodegón desde delante con una única luz potente (una lámpara de sobremesa es una elección perfecta).

1 Con una mezcla pálida de amarillo limón y verde esmeralda, defina las formas principales de los tallos de apio. Añada más verde esmeralda al amarillo limón y continúe dibujando hasta encontrar la forma del limón. Prepare un color para la mayor parte de éste: mire el lado iluminado, que será muy amarillo. Estime su tamaño tomando como referencia los espacios entre las hojas circundantes. El limón tiene en su superficie hoyuelos que captan la luz; estos espacios deberán dejarse como papel en blanco para que puedan verse como puntos de luz. Dibuje la forma completa del limón tras observarla con detalle, ya que quizás presente planos llanos y no sólo formas ovoides.

2 Dibuje dentro de las hojas de apio, refinando sus formas. Primero tiene que determinar las áreas de luz. Dibuje las áreas más oscuras de las hojas y recorra las pencas de apio con verdes más oscuros. La dirección de estas últimas determina la posición de todos los demás elementos, así que sea lo más preciso posible. Encuentre el color rosa más brillante que pueda –yo utlicé una acuarela líquida «brillante»– y defina con esmero los toques de luz rosados del plato.

3 Con amarillo limón, tierra de Siena natural y azul de cobalto, prepare un color sutil y verdoso para la sombra del limón. Tenga presente que puede haber colores del plato reflejados en el área sombreada del limón. También haga gotear puntos oscuros del color de la sombra en los hoyuelos. Los toques de luz de la berenjena son relativamente azules, así que represéntelos con una débil aguada de azul de cobalto.

4 Mezcle índigo y carmín para preparar el púrpura oscuro de la berenjena. Busque los lugares donde el borde de ésta venga definido por algo que haya dibujado ya. Use el pincel más grande con el que se sienta cómodo; necesitará la punta afilada para los detalles, pero también el cuerpo para mantener la aguada muy húmeda. Para los bordes de la berenjena, tome como referencia los detalles impuestos por las otras formas. Recuerde que el rojo del plato definirá todavía más el borde de la berenjena en las líneas de encuentro con dicho plato.

5 Dibuje las hojas de laurel con un verde claro preparado con amarillo de cadmio y azul ultramar. Prepare una gran cantidad de rojo con bermellón y naranja de cadmio para pintar el plato. Asegúrese de que la pintura está totalmente seca, ya que el rojo encierra todos los demás elementos de la pintura. Siga las marcas en rosa brillante que hizo al principio, pero ajústelas si es necesario. Todos los reflejos deben quedar libres del color rojo, de modo que fíjese bien e intente no equivocarse con ninguno de ellos; el color de los reflejos varía del rosa frío y brillante ya pintado hasta unas pocas formas de color blanco puro en los vértices y contornos. Aquí está definiendo, asimismo, la forma final de los frutos, así que asegúrese de que sus formas sean las correctas.

6 Prepare un color de sombra para el plato rojo modificando el carmín con índigo. Este color es uno de los más oscuros del conjunto y puede emplearse para volver a dibujar cualquiera de los frutos. Yo consideré que los toques de luz verdes en la berenjena, reflejados desde el apio, eran demasiado pálidos, de modo que los modifiqué con una leve aguada del color principal de aquélla. Añada otro tono en el lado de sombra del limón para indicar la luz rosa reflejada desde el plato; en concreto, el naranja de cadmio aplicado en una fina aguada, el cual quedará modificado óptimamente por los colores que le precedieron. Use ahora un verde preparado con azul de cobalto y amarillo de cadmio para dibujar dentro del apio, definiendo sus estratos longitudinales y prestando atención a sus formas curvas.

7 Pinte la parte superior de la berenjena con azul verdoso modificado con un poco de amarillo y prepare un verde oscuro con una mezcla de verde esmeralda y negro lámpara para la zona de sombra de las hojas de laurel. Deje secar y dibuje la botella con una aguada pálida hecha con azul de cobalto, si acaso con un poco de tierra sombra natural. Prepare una mezcla gris azulada con azul de ultramar e índigo para la pizarra del fondo que puede verse a través de la botella. Esto le permitirá definir la parte superior de la berenjena, así como otros elementos que sobresalen por encima del plato. La parte superior de la berenjena queda reflejada en la botella, reflejo que deberá dejar como papel en blanco. Utilice un pincel grande para aguadas y aplique una aguada de tierra sombra natural y azul ultramar en las grandes áreas oscuras detrás del plato.

8 Enmascare el plato principal. No es necesario que lo haga con excesivo cuidado; utilice tan sólo trozos de cinta de enmascarar y papel de periódico. No presione demasiado la cinta de enmascarar: basta con que se adhiera ligeramente y así evitará de paso el riesgo de arrancar parte de la superficie del papel. Si es necesario, corte con un cúter la cinta en torno a las hojas que sobresalgan.

9 Use un cepillo de dientes cargado de pintura para salpicar, y pinceles ordinarios para pintar libremente los distintos colores que aparecen a través de la pizarra y dentro de ella, así como de la pintura de detrás. Si crea algunas manchas que le parecen demasiado fuertes y dominantes, puede difuminarlas fácilmente con un trozo de trapo o con un pañuelo de papel. Durante estos estadios experimentales, es una buena idea dejar secar la pintura a intervalos para que las marcas no se escurran unas dentro de otras. *Superior:* retire con cuidado el papel y la cinta de enmascarar.

10 Prepare una aguada vigorosa con tierra sombra natural e índigo y pinte la sombra intensa proyectada por el plato sobre la pizarra de debajo. Aquí, ésta forma un octógono bien conciso, interrumpido por las sombras de los vegetales que sobresalen (el apio y la berenjena). Éste y otros colores se emplean para completar los bordes entre la botella y las pizarras. Estas manchas son casi abstractas y sólo sugieren de una forma vaga lo que realmente hay allí.

11 Tómese un minuto o dos para repasar lo que ha hecho ya. A mí me pareció que los toques de luz sobre la berenjena eran demasiado intensos y que el fondo de la botella era demasiado brillante; por lo demás, la hoja de laurel se vio afectada por la pintura que se escurrió por debajo de la cinta de enmascarar y fue necesario volver a pintarla con verde de ftalocianina modificado con un poco de negro. Con un tono gris azulado (índigo y tierra sombra natural), también volví a dibujar las sombras que aparecen dentro de la botella. Por último, allí donde el vidrio es más grueso (donde la botella se desvía de la vista), revela su color verdoso natural, así que indiqué este color con una aguada verde apropiada.

Vidrio y conchas

VÉASE TAMBIÉN:

• Superficies, pág. 17

Para esta naturaleza muerta con reflejos y de formas definidas, decidí trabajar con un papel sobre el que había pintado previamente una capa de gesso acrílico blanco. Aunque se trata de una superficie inusual para aplicarle acuarela y puede no ser del gusto de todos, vale la pena probarla al menos una vez.

Las conchas y el vidrio suelen tener formas lisas con los contornos bien definidos. El interior blanco casi puro de esta concha está parcialmente en la sombra, pero aun así se destaca a la perfección contra la madera desgastada del fondo. También hay un contraste de texturas, ya que el lustre liso de las superficies de las conchas se contrapone a las desconchadas capas de pintura de la quilla de barca que encontré en una playa de Portugal. Las formas naturales o artificiales que han sido erosionadas por el tiempo suelen ser muy interesantes de dibujar y pintar, y es una buena idea tener una pequeña colección de estos modelos para componer naturalezas muertas.

Materiales

Lápiz HB

Papel para acuarelas con una imprimación de *gesso* acrílico

Pinturas de acuarela: tierra de Siena natural, azul ultramar, bermellón, azul de cobalto, índigo, tierra sombra natural, negro lámpara

Pinceles: redondo mediano, pequeño de marta Kolinsky

1 Con un lápiz HB, dibuje los modelos de esta naturaleza muerta. Un bodegón tan complejo como éste y con unos contornos tan definidos requiere bastante esmero. Apriete poco el lápiz allí donde el color y los cambios tonales son sutiles, como en el interior de la concha grande. En otros lugares, los contornos pueden ser más fuertes.

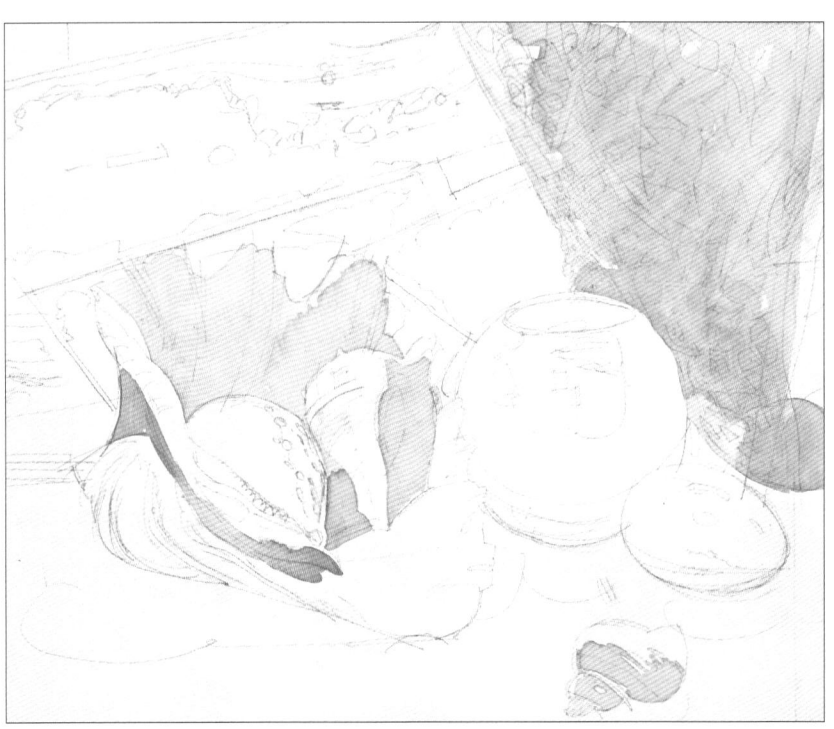

2 Prepare aguadas pálidas de tierra de Siena natural y azul ultramar, y con un pincel redondo mediano pinte las zonas sombreadas del interior de las conchas. En esta superficie no absorbente no hay que preocuparse tanto al aplicar los primeros tonos claros, ya que más tarde pueden modificarse fácilmente o incluso eliminarse por completo. Deje secar. Aplique tierra de Siena natural sobre las redes de pesca para crear el color de base de las mismas.

3 La sombra en la cara interior de la concha grande tiene un color más cálido: por consiguiente, píntela con tierra de Siena natural ligeramente modificada con un toque de azul ultramar. Aplique algunos tonos más oscuros en los tonos de sombra interiores para indicar las curvas interiores estriadas, y pinte el rosa cálido del huevo de porcelana, así como el interior de la pecera de vidrio con bermellón.

4 A continuación, pinte algún tono en las pequeñas caracolas que están dentro de la concha principal. No es posible enumerar con exactitud los colores que deben usarse para estos sutiles tonos de luz: en cierta medida, se trata de utilizar los restos de las anteriores aguadas que están en su paleta y de modificarlas para que sean más cálidas o más frías según lo que crea más conveniente. Con cuidado, llegada esta fase puede empezar a añadir colores más brillantes e intensos: el azul de cobalto de la pecera de vidrio, por ejemplo.

5 Ahora que la naturaleza está empezando a tomar forma, puede incluir un tono oscuro contra el cual pueda evaluar la tonalidad de algunos de los tonos más pálidos. Yo utilicé una mezcla de índigo y un poco de tierra sombra natural para pintar las sombras muy oscuras que aparecen debajo de los modelos del bodegón, y empleé un pequeño pincel de marta Kolinsky para definir los contornos del tono oscuro. Incline el tablero para que el pigmento pueda distribuirse de una forma homogénea.

6 Pinte la madera de la barca del fondo con un azul medio preparado con azul de cobalto y un poco de negro lámpara. Pinte los tonos más oscuros de la pecera azul con aguadas más intensamente pigmentadas de azul de cobalto y negro lámpara.

7 Utilice un azul más oscuro (cobalto mezclado con negro lámpara) para la capa superior de pintura de la madera, dejando tan sólo que aparezcan a su través unos contornos quebrados de la capa inferior de azul medio.

8 Pinte las formas oscuras de la madera que se ven a través de la red de pesca; requiere su tiempo, pero es la única manera de describir con acuarelas formas finas y de colores claros contra un fondo oscuro sin recurrir a la máscara líquida.

9 Añada los detalles del exterior de la concha principal empleando mezclas de tierra de Siena natural, azul ultramar y negro lámpara. Oscurezca el tono allí donde sea necesario en las pequeñas caracolas. Aplique una aguada oscura final al fondo para poder juzgar qué tono han de tener las conchas de colores claros; yo empleé aguadas vigorosas preparadas con distintas proporciones de negro lámpara, índigo y tierra sombra natural, y dejé que la pintura se sedimentara en las pinceladas que había creado al aplicar el fondo de *gesso*.

10 Ahora que todo el fondo está cubierto por pintura, puede hacer los ajustes finales de los tonos y completar los detalles de las conchas.

Truchas con almendras

Los pescados, que por lo general se representan encima de una mesa dispuestos junto con otros alimentos, han sido siempre temas muy populares en las naturalezas muertas.

VÉANSE TAMBIÉN:

- Crear un efecto tridimensional con los tonos, pág. 36
- Pintar a partir de fotografías, pág. 142

En este bodegón, las truchas preparadas se han colocado sobre papel de aluminio y se les ha esparcido encima almendras fileteadas y cebollas tiernas, dejándolas a punto para la cocción. El aluminio es muy reflectante y produce un gran número de interesantes facetas de contornos muy definidos y de diferentes colores en torno al pescado.

Aunque no había dispuesto el tema con la intención de pintarlo, se veía tan interesante que busqué a toda prisa una cámara para fotografiarlo. Este tipo de dibujo en esbozo se usa a menudo como decoración para los libros y artículos de cocina y, como tal, entra más dentro de la categoría de la ilustración que de la pintura propiamente dicha.

Materiales

Tablero de dibujo
Lápiz HB
Papel de calco
Papel de transferencia gris oscuro
Pinturas de acuarela: amarillo de cadmio, verde de ftalocianina, negro lámpara, azul de cobalto, tierra sombra natural, tierra de Siena tostada, bermellón, verde esmeralda, magenta
Pinceles: redondo fino

1 Calque con esmero la fotografía y fije el calco con cinta adhesiva sobre la superficie donde vaya a pintar. Coloque un trozo de papel de transferencia entre ambos y transfiera la imagen dibujando con firmeza sobre las líneas calcadas con un lápiz duro terminado en punta fina o, mejor aún, con un instrumento afilado y de punta lisa, como un rasgador de costuras de modista. Tómese su tiempo en esta fase, ya que tendrá que establecer desde el principio las superficies más claras.

2 Prepare una aguada de tono medio de amarillo de cadmio y, con un pincel redondo fino, pinte el extremo blanquecino de las cebollas tiernas. Deje gotear verde de ftalocianina húmedo sobre húmedo en el extremo verde. Añada un toque de negro lámpara dentro de los extremos más oscuros. Prepare un gris diluido mezclando azul de cobalto y negro lámpara. Pinte el gris muy pálido, casi plateado, del vientre del pescado en la parte superior, trabajando con cuidado en torno a las almendras.

3 Continúe pintando el pescado, ignorando los oscuros y concentrándose en los tonos claros. Pinte las superficies marrones de la segunda trucha, que es notablemente más cálida, con una mezcla de amarillo de cadmio y un poco de tierra sombra natural, añadiendo parte de la mezcla anterior gris para las zonas más azules. Fíjese en la línea a lo largo del cuerpo: éste cambia de color a uno de los lados de esta línea. Todavía con la mezcla marrón en el pincel, diríjase a continuación hacia los peces tercero y cuarto. Deje secar.

4 Mezcle tierra de Siena tostada con un poco de amarillo de cadmio para obtener un naranja brillante. Pinte cuidadosamente con él dondequiera que vea este color en la imagen, ajustando las proporciones de ambos pigmentos en la mezcla siempre que sea necesario. Añada un poco de bermellón a la mezcla para las áreas más cálidas, tales como la cabeza del cuarto pescado. Los ojos son también bastante brillantes: el centro es negro, pero el área concéntrica tiende a ser de color brillante.

5 Empiece a pintar los dorsos de los peces con azul de cobalto, añadiendo un poco de negro lámpara para los tonos más oscuros. Con la punta del pincel cree bordes concisos y pinte en torno a los toques de luz reservados.

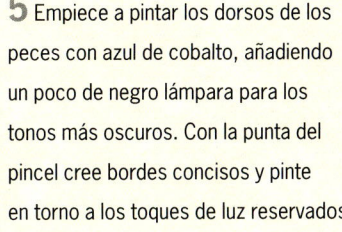 

6 Continúe con las manchas oscuras, sugiriendo las sombras en torno a las almendras con la mezcla gris oscura. Añada más negro lámpara a la mezcla y pinte el papel de plata, fijándose dónde dicho papel recoge el color reflejado por la trucha. Pinte las almendras. Prepare una aguada pálida mezclando amarillo de cadmio con un poco de tierra de Siena tostada; pruebe el color antes de aplicarlo. Es posible que tenga que quitar algo de color en las almendras más pálidas levantándolo con un pincel húmedo. Añada un toque de azul de cobalto a la mezcla para las almendras de tonos más fríos que están en sombra y un poco más de tierra de Siena tostada para las de tono más cálido.

7 Pinte el perejil con una aguada de verde esmeralda y deje secar. Prepare un verde más oscuro con verde de ftalocianina y negro lámpara y apliquelo salpicando puntos para crear la textura arrugada de las hojas, pero deje algo del esmeralda original para ganar variedad tonal. Pinte las sombras de debajo del perejil con amarillo de cadmio y tierra de Siena tostada.

8 Ahora trabaje en el aluminio que recoge los colores reflejados desde la trucha, las almendras y los contornos. Use varios colores –azul de cobalto para los azules muy brillantes, mezclas más grises de azul de cobalto y negro lámpara, así como mezclas cálidas de tierra de Siena tostada y amarillo de cadmio–, dejando que los colores se entremezclen en húmedo sobre húmedo en algunos lugares para crear bloques de color con contornos suaves.

9 Continúe perfilando los colores y la densidad del tono en el aluminio. No espere poder copiar el aluminio con exactitud, pero intente reproducir los nítidos pliegues y arrugas. Estudie las formas creadas por los bloques de color reflejado: hay muchos contornos rectos –triángulos, rombos y líneas rectas–, pero no muchas curvas. Puntee colores oscuros en la tercera trucha, sobre todo en la cabeza y el dorso, perfilando los contornos para que el pescado destaque contra el aluminio y quede bien definido. Pinte asimismo las sombras proyectadas por las almendras fileteadas.

10 Continúe pintando las áreas oscuras y cálidas del aluminio en torno a la cuarta trucha. A continuación, cubra todas las superficies blancas del papel que no quiera que permanezcan en la pintura terminada. Esto es importante, ya que las áreas brillantes no funcionarán a menos que haya suficiente contraste entre ellas y el resto de la imagen.

11 Pinte la cola del segundo pescado con una mezcla de tierra de Siena tostada y negro lámpara para los detalles. Delinee las sombras bajo las cebollas tiernas y las almendras para que resalten y dé vida a la imagen. Oscurezca algunas de las almendras que están desviadas de la luz con un poco de tierra de Siena tostada. Continúe refinando los reflejos en el aluminio. En algunos lugares hay colores purpúreos; píntelos con una mezcla de azul de cobalto y un poco de magenta.

12 Continúe trabajando en el aluminio del fondo con los mismos colores que antes y mirando detalladamente tanto el aluminio como los modelos que tiene encima para ver dónde se han reflejado los colores. A veces, la elección de la superficie en la que va a trabajar viene dictada por la necesidad de encontrar una zona seca donde apoyar la mano, aunque también debe moverse en torno a la pintura en vez de concentrarse en una zona hasta que esté terminada para evitar que algunas zonas estén demasiado trabajadas.

13 Si ahora refuerza un poco el azul oscuro de la trucha de la parte superior y añade pequeñas aguadas de una cálida mezcla de tierra de Siena natural y azul de cobalto a los cuerpos de las otras tres, conferirá solidez al resultado y una mejor separación de las almendras fileteadas.

Flores

Estudio de un tulipán

VÉANSE TAMBIÉN:

- Superposición de colores, pág. 30

- Crear un efecto tridimensional con los tonos, pág. 36

Para hacer el estudio de una flor aislada, se requiere un enfoque bastante especial. En vez de tratar la flor como un simple componente del cuadro, debe intentar describir el color natural y los detalles con la mayor precisión posible.

La iluminación tiene que ser suave y uniforme; evite, pues, una luz solar intensa o una iluminación artificial violenta que creen sombras oscuras que puedan ocultar los detalles. Lo ideal es que la flor se apoye en el tablero de dibujo, de forma que pueda verlo muy de cerca.

El principal objetivo cuando se hace un estudio de este tipo es transmitir información de una manera similar a la que se emplea en el dibujo botánico, que la mayoría de las veces se utiliza como ayuda en la identificación de flores y plantas. Deberá hacer un dibujo esmerado y preciso antes de empezar a aplicar el mismo color con el mismo esmero. Asimismo, tendrá que considerar la manera en que la planta se apoya en la página: algunos de los mejores estudios botánicos, además de proporcionar una información precisa, son también realmente decorativos.

BAYAS SILVESTRES
Recogí estas bayas silvestres en setos cercanos a mi casa en Cornualles, Inglaterra, y las coloqué sobre un fondo blanco para dar énfasis a sus formas, muy diferentes, al tiempo que hacía un hermoso dibujo compuesto. Pinté este estudio con una pluma y con tintas de colores impermeables, así como acuarelas.

IRIS
Para esta pintura empleé un papel especial cubierto con una capa muy fina de arcilla de loza y destinado en principio a los trabajos con líneas muy finas. Las aguadas fluidas que se aplican sobre este tipo de papeles tienden a flotar sin penetrar, como lo hacen en los papeles normales, lo que confiere a la pintura una interesante cualidad, ligeramente aleatoria.

Materiales

Papel para acuarelas
   prensado en frío
   de 300 g/m²
Lápiz HB
Pinturas de acuarela:
   magenta, azul ultramar,
   amarillo de cadmio,
   verde de ftalocianina,
   tierra sombra natural
Pincel redondo mediano fino

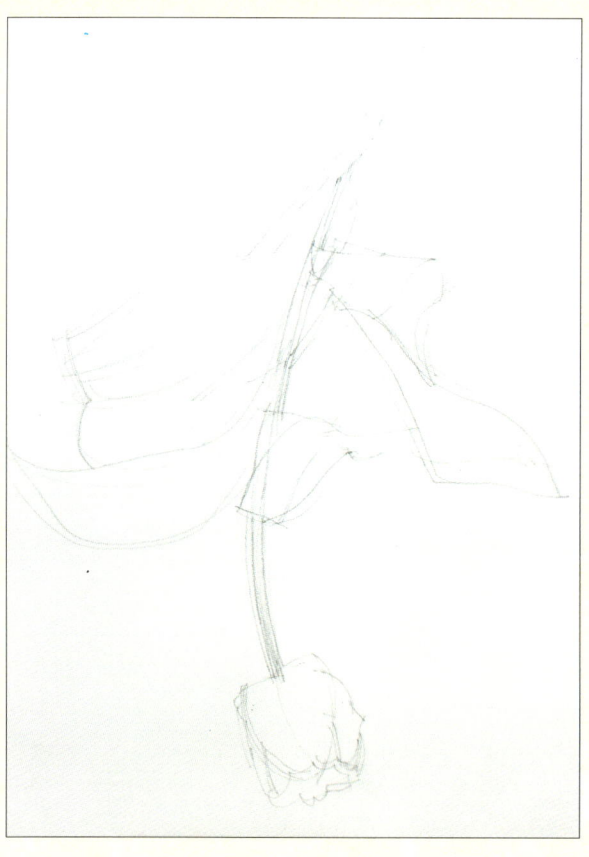

1 Con un pincel HB, esboce ligeramente el tulipán pintando las líneas básicas de los pétalos, el tallo y las hojas. Incluya algunas de las estriaciones de las hojas y muestre cómo éstas se enroscan unas sobre otras.

2 Prepare un púrpura oscuro con magenta y azul ultramar. Con un pincel redondo mediano, aplique una aguada pálida sobre la flor. No intente diferenciar los tonos en esta fase, limítese ahora a conseguir la forma general. Deje gotear un poco de agua sobre la pintura en algunos lugares, ya que algunos pétalos tienen áreas muy pálidas. Pinte los contornos de estos últimos con un pincel muy fino para definirlos. Deje la pintura hasta que esté casi seca.

3 Añada más magenta a la mezcla para crear un tono más cálido. Con un pincel redondo fino, delinee los pétalos. Dado que la primera aguada está todavía un poco húmeda, estas líneas se extenderán muy ligeramente y suavizarán los contornos. Deje secar.

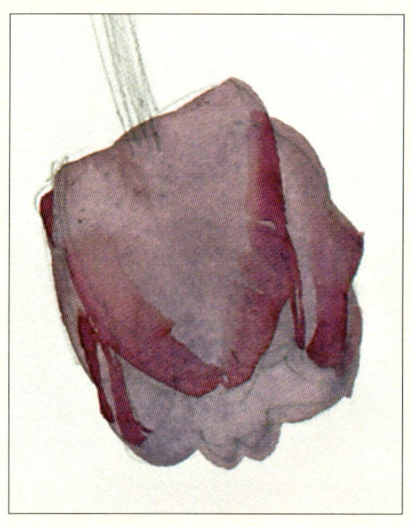

4 Continúe añadiendo una mezcla de púrpura más pigmentada y más oscura en los pétalos interiores. Ahora está empezando a definir los pétalos individuales.

5 Añada más azul ultramar a la mezcla para pintar los detalles de la sombra en el pétalo de la izquierda. Refuerce los pequeños pliegues y arrugas dejando uno de los contornos bien marcado y suavizando el otro lado con una pincelada de agua limpia.

6 Aplique el tono oscuro final a los pétalos. Ahora se puede ver la relación espacial de los mismos: está claro cuáles están delante y cuáles detrás. Deje secar.

7 Prepare una generosa cantidad de aguada verde pálido mezclando amarillo de cadmio con verde de ftalocianina. Con un pincel redondo mediano, aplique esta mezcla sobre las hojas y el tallo. Si la pintura empieza a escurrirse, puede que tenga que inclinar el tablero. Deje secar. Borre todos los trazos de lápiz que sean todavía visibles.

8 Prepare un tono más oscuro de verde añadiendo verde de ftalocianina a la mezcla empleada en el paso 7. Pinte con ella verde sobre las hojas, dejando que el amarillo subyacente aparezca a través de las áreas más claras. Deje secar.

9 Añada más verde de ftalocianina a la mezcla y refuerce las estriaciones de las hojas. Deje secar.

10 Añada un poco de púrpura a la mezcla verde oscura y aplíquela en el pliegue de la hoja principal de la derecha, así como en las zonas oscuras donde las hojas se enroscan y se alejan del tallo. Añada más púrpura para las partes cálidas del tallo. Deje secar.

11 Pinte más estrías en las hojas con una mezcla de verde de ftalocianina y amarillo de cadmio. Utilice la mezcla púrpura para pintar la sombra más oscura del tallo y en los extremos más oscuros de las hojas de la izquierda. Deje secar.

12 Prepare un gris cálido muy diluido mezclando azul ultramar y tierra sombra natural, y utilícelo en las sombras proyectadas por la hoja y la flor en la superficie blanca. Aunque éste no es estrictamente un dibujo botánico, debe juzgar el éxito del mismo por su parecido con la flor original, tanto en la esencia como en los detalles.

Flores en un jarrón de vidrio

Pintar flores en una naturaleza muerta brinda la oportunidad de reproducir otros elementos, no sólo el jarrón que las contiene, sino también otros modelos en el primer término y en el fondo.

VÉANSE TAMBIÉN:

- Superficies, pág. 17
- Pintar a partir de fotografías, pág. 142

En esta composición me llamaron especialmente la atención los dibujos en la pared, detrás del jarrón de flores. La luz solar que entraba en la habitación proyectaba sombras, que se veían modificadas a su vez por la superficie de vidrio de la mesa sobre la cual estaba situado el jarrón. Tras fotografiar la escena para registrar los extraños y transitorios efectos de la luz, transferí la imagen a la superficie de la pintura siguiendo un método denominado de «cuadrícula», que se describe a continuación.

Antes de transferir el dibujo, aplique al papel *gesso* acrílico (*véase* pág. 19), que reduce la absorción de la superficie. Esto significa que las aguadas deambulan por ella antes de secarse, dando unos resultados algo impredecibles pero a menudo interesantes. Los riesgos quedan en cierta medida compensados por la facilidad con que se pueden volver a aplicar las aguadas o eliminar de la superficie.

Materiales

Tabla imprimada con *gesso* acrílico

Lápiz HB

Pinturas: magenta, azul cerúleo, bermellón, verde esmeralda, negro lámpara, tierra sombra natural, azul ultramar, *gamboge*, azul de cobalto, verde de ftalocianina, tierra de Siena natural

Pinceles: redondo mediano y fino

1 Divida la fotografía que le servirá de modelo en un número conveniente de cuadrados a lo largo del eje vertical y del horizontal. Ponga números en uno de los ejes y letras en el otro.

2 Decida cuán grande quiere que sea la pintura terminada; aquí, mi fotografía original era de 10 x 9 cm y decidí hacer la pintura cuatro veces mayor, de forma que el tamaño final fuese de 40 x 36 cm. Marque el mismo número de cuadrados en la superficie de su elección y copie la fotografía en la versión a mayor escala, indicando los números y letras en ambas cuadrículas. Aunque este proceso se hace a ojo, es sorprendente lo fácil que resulta montar una versión agrandada bien precisa.

3 Prepare una dilución muy pálida de magenta. Con un pincel redondo mediano, pinte los rosados más pálidos de las flores. Añada un poco de azul cerúleo al magenta para obtener un púrpura pálido y pinte algunos de los rosados más fríos. Prepare un rosado más vivo mezclando bermellón y magenta, y pinte el gran clavel rosado intenso situado en el lado izquierdo del ramo. Elegir unas pocas flores clave de esta forma proporciona puntos de referencia para el desarrollo de la obra.

4 Prepare una aguada oscura de verde esmeralda y pinte las hojas y los tallos de los claveles. Añada negro de lámpara a la mezcla para las superficies más oscuras. Aunque la opinión aceptada en la pintura a la acuarela es que deben pintarse primero las luces, añadir unos pocos toques oscuros en las primeras fases de una pintura complicada como ésta permite seguir fácilmente la pista de los modelos.

5 Prepare un gris pardusco a partir de negro lámpara, tierra sombra natural, azul ultramar y un toque de *gamboge*. Éste es el color para la gran sombra proyectada en la pared, así que asegúrese de prepararlo en abundante cantidad. Pinte las amplias superficies de sombra, rodeando con cuidado las flores con un pincel redondo fino.

6 Continúe con la aguada de la sombra del fondo e incline el tablero cuando llegue a los verdes oscuros para que la pintura fluya alejándose de ellos. No olvide agitar de vez en cuando la mezcla de pintura para asegurarse de que los pigmentos estén mezclados de forma homogénea; algunos de ellos, como el azul ultramar, tienden a separarse de la mezcla.

7 Con las mismas mezclas rosadas que antes, incremente la densidad tonal de las flores. Con un pincel muy fino, dé algunos toques en el color de fondo detrás de las flores. La imagen es bastante complicada, pero si llena estos espacios negativos le será más fácil ver qué está sucediendo y saber en todo momento en qué lugar del cuadro se encuentra.

8 Continúe intensificando los tonos de las flores rosadas, trabajando en el cuadro entero en vez de concentrarse en una zona específica cada vez. Las flores tienen una estructura bastante compleja, con muchos cambios de plano, lo que obliga a evaluar continuamente los valores tonales. No intente pintar con precisión cada flor concreta: en una disposición como ésta, algunas pueden dejarse como formas ligeras y vagas.

9 Prepare un azul verdoso diluido y muy pálido a partir de azul de cobalto, negro lámpara y verde de phftalocianina. Con un pincel redondo mediano, pinte las sombras más pálidas del fondo y el lado de sombra del jarrón de vidrio, así como su reflejo en la superficie acristalada de la mesa.

10 Prepare una aguada muy diluida de negro lámpara y pinte el reflejo del cenicero de cristal en la superficie de la mesa. Este reflejo, a su vez, se refleja en el cenicero. En una situación como ésta, no siempre es fácil comprender la interacción de los reflejos: ¡limítese a dibujar sólo lo que vea!

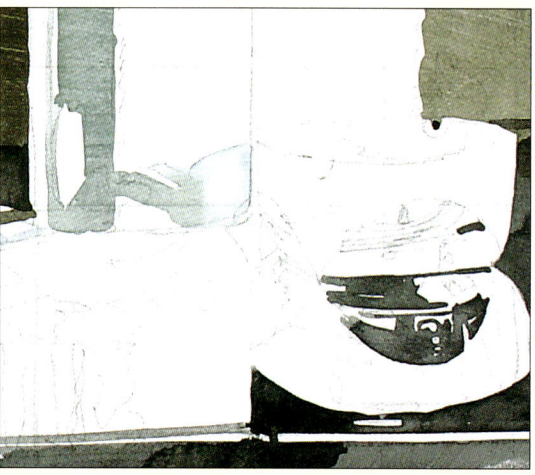

11 Prepare un *beige* claro mezclando tierra de Siena natural con un poco de negro lámpara. Pinte el fondo hasta el borde de las sombras, pero sin pasar el pincel por encima de las mismas, porque de lo contrario el *beige* se mezclaría con el color subyacente y lo arrancaría de la superficie de *gesso* acrílico. Oscurezca la sombra en el jarrón.

12 Ahora puede concentrarse en hacer sutiles retoques en la imagen. Busque los dibujos creados por los grupos de flores en vez de intentar describir cada flor individual; quizás le sea de ayuda entrecerrar los ojos para ver cómo la escena entera va tomando forma. Pinte las zonas sombreadas de los lirios con un azul de cobalto muy diluido. Puntee las diminutas motas del interior con mezclas de azul de cobalto, negro lámpara y magenta. Aplique sobre el clavel del primer término inmediato una primera aguada de magenta.

13 Trabaje ahora en los reflejos. Prepare un gris azulado con negro lámpara y un poco de azul ultramar. Con un pincel redondo fino, pinte los reflejos oscuros en el cenicero de vidrio y en la base del jarrón de vidrio. Tienen que ser contundentes y de contornos bien definidos; si fueran suaves, no parecerían reflejos.

14 Aplique una segunda capa de magenta al clavel del primer término para definir su forma. Con la misma mezcla de azul de cobalto y negro lámpara que antes, intensifique los reflejos en la superficie de la mesa y defina el borde de la misma.

15 Oscurezca la sombra de la parte superior aplicándole una segunda aguada. Llegados a este punto, la pintura podía considerarse como ya terminada, pero al mirarla con perspectiva me pareció que a la forma general de las flores tenía que darle mayor impacto. Aunque la aguada oscura de la sombra del fondo tenía una textura agradable, decidí oscurecerla con otra aguada. El resultado me pareció favorable, lo que demuestra que a veces es necesario sacrificar un pequeño efecto para mejorar el conjunto de la obra.

Animales

Estudio de insectos

Pintar insectos y otros animales a partir de especímenes de museo es similar a la técnica que se emplea en los estudios botánicos. El objetivo principal es reproducirlo con la mayor precisión posible, explorando al mismo tiempo el potencial decorativo.

VÉANSE TAMBIÉN:

- Húmedo sobre húmedo, pág. 28
- Superposición de colores, pág. 30
- Teoría del color, pág. 40

Las mariposas, con su infinita variación de formas y colores, son fascinantes de observar y pintar. Las alas están a menudo cubiertas de colores iridiscentes, donde diminutas motas de pigmentos brillantes se mezclan ópticamente entre sí para crear efectos que recuerdan la seda hilada y, por tanto, son difíciles de reproducir con acuarelas. Es posible que tenga que exagerar estas superficies para compensar el hecho de que la iridiscencia resulte tan difícil de captar; como alternativa, varias aguadas fragmentadas y superpuestas permiten crear un efecto similar. La misma iridiscencia brillante puede verse en los élitros de algunos escarabajos y otros insectos voladores.

DIBUJOS NATURALES

La decisión de yuxtaponer el escarabajo y la polilla fue exclusivamente mía; aunque es poco probable que los encuentre en la misma vitrina de un museo, me gustó la relación que se establecía entre ellos, la forma suave y compacta y los colores terrosos de la mariposa en contraste con los élitros duros y brillantes y las finas patas y antenas absurdamente largas del escarabajo.

Materiales

Papel de acuarela rugoso de 300 g/m², pretensado

Pinturas de acuarela: amarillo limón, verde esmeralda, azul turquesa, amarillo de cadmio, verde de ftalocianina, negro lámpara, índigo, azul ultramar

Pinceles: redondo mediano

1 Esboce la mariposa en un papel de acuarela rugoso, indicando la posición de las brillantes marcas verdes en las alas.

2 Prepare un verde ácido y brillante con amarillo limón y una cantidad diminuta de esmeralda. Pase el pincel con esta mezcla por la mariposa entera, dejando gotear un poco más verde esmeralda, húmedo sobre húmedo, cuando se acerque al cuerpo. Pase el pincel con azul turquesa por la mitad inferior de las alas cerca del cuerpo (húmedo sobre húmedo). Prepare un verde oscuro brillante mezclando azul turquesa y verde de ftalocianina, y pinte el cuerpo. Deje secar.

3 Prepare un intenso y aterciopelado negro azulado mezclando negro lámpara, índigo y azul ultramar. Páselo por las alas, dejando que el verde aparezca a través de las manchas. Si el color se ve demasiado denso, pase un poco de agua limpia y saque un poco de color con el pincel. Pinte con suavidad unos pocos puntos de color oscuro sobre el verde para quebrar las líneas.

4 Prepare un verde más oscuro con amarillo limón y verde esmeralda. Con un pincel redondo fino, pinte líneas horizontales muy finas sobre las manchas brillantes para representar las nervaduras de las alas.

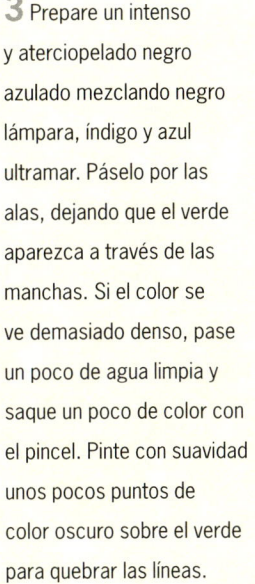

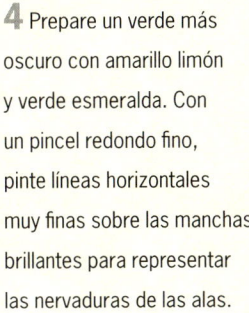

5 Con la misma mezcla oscura que en el paso 3, pinte el cuerpo de la mariposa, dejando que algo del verde original. Mezcle tierra de Siena natural con una cantidad muy pequeña de negro lámpara y pinte los pelos junto al cuerpo y las antenas. Si compara el color de las alas izquierdas con la pintura subyacente de las derechas, verá con claridad cómo se incrementa la aparente intensidad de los colores al estar rodeados y quedar aislados por el negro.

Gato atigrado

VÉASE TAMBIÉN:
- Aguadas, pág. 26

Un problema omnipresente cuando se dibujan y pintan animales es el de persuadirles de que se queden quietos el tiempo suficiente para poder hacer el estudio. Para buena parte de los aspectos del modelo, deberá recurrir a su memoria.

Los animales que duermen ofrecen obviamente una buena oportunidad de dibujarlos y pintarlos, y los gatos domésticos (al igual que los felinos salvajes, según parece) pasan largos períodos de su vida dormidos. Sin embargo, el número de pinturas de animales dormidos que quiera hacer usted y que quiera ver el público tiene obviamente un límite. Por lo demás, la vitalidad de muchos animales es vital para su carácter e, incluso cuando no se están moviendo, una expresión alerta, con los ojos bien abiertos, puede ser muy atractiva.

Pintar a partir de fotografías es una solución y, por mucho que afirmen lo contrario, casi todos los pintores especializados en vida salvaje se basan en fotos; de hecho, para las poses activas, detalladas y acabadas, no hay otra alternativa.

Aun así, se puede aprender mucho haciendo rápidos esbozos a partir de la observación directa de animales en movimiento o que sólo están momentáneamente quietos. La concentración necesaria para captar un movimiento con una línea gestual le permitirá tener una mejor percepción de las formas naturales adoptadas por un animal que un número incluso grande de fotografías en las que se congela la acción. Más tarde, cuando trabaje a partir de fotografías, podrá emplear el conocimiento adquirido con el animal vivo para seleccionar la información importante y rechazar los detalles superfluos.

Vistas desde cierta distancia, las manchas que presenta un animal de pelo pueden generalizarse de un modo muy similar a como se tratan los conjuntos de hojas de un árbol. Pero ¿qué sucede cuando se ven estas manchas de cerca, como en este retrato de un gato atigrado? A veces, como es el caso en este proyecto, hay que hacer frente a los detalles para que el estudio resulte convincente.

EL PELAJE COMO TONO
El gran número de pelos individuales que conforman el pelaje de un animal peludo debe considerarse en términos generales como una serie de volúmenes suaves: quizás sólo en los contornos y en algunos lugares donde son más largos y están más dispersos, como en las cejas y los bigotes, se plantea la necesidad de dibujar pelos individuales.

Materiales

Lápiz 2B

Papel de acuarela rugoso de 300 g/m², imprimado con *gesso* acrílico

Pinturas de acuarela: tierra de Siena natural, amarillo limón, tierra de Siena tostada, negro lámpara, tierra sombra natural, azul ultramar, magenta

Pinceles: redondo mediano y fino

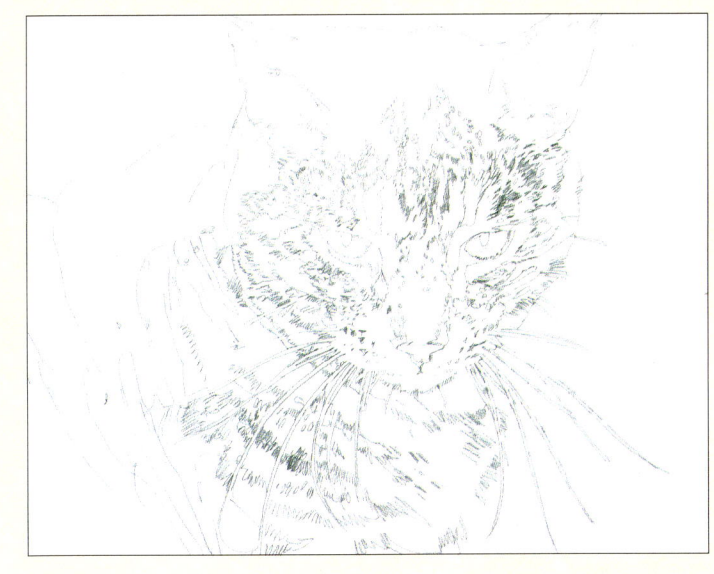

1 Con un lápiz 2B, realice un esmerado dibujo a lápiz del modelo. Esto es esencial cuando el retrato del animal se realiza tan de cerca.

2 Allí donde el pelaje no sea blanco, aplique tierra de Siena natural como capa inferior con un pincel redondo mediano; para ello, hace falta pintar en torno a los bigotes. Defina el color de los ojos con amarillo limón.

3 Defina la parte superior de las orejas con una mezcla de tierra de Siena tostada y negro lámpara. Añada más negro a la mezcla y, con un pincel fino redondo, delinee los ojos y pinte las pupilas.

4 Ahora es el momento de descubrir qué proporción exacta de las marcas moteadas deberá detallarse con precisión y qué parte de ellas podrá reproducir con aguadas más generalizadas. Trabajando con negro de lámpara y siena tostada, pinte en torno a los pelos individuales más claros con mezclas de estos colores.

5 Continúe trabajando en el pelaje, empleando los mismos colores que en el paso anterior. Allí donde las manchas estén menos contrastadas, como en la parte superior de la cabeza, podrá hacerlas más anchas y fluidas.

6 Continúe pintando en torno a los pelos más claros con un negro diluido y con un poco de tierra sombra natural. Pinte las zonas más claras de pelaje encima de los ojos, empiece a definir la nariz y continúe hacia arriba hasta la frente.

7 El pelaje de la nariz puede representarse con una aguada de color gris pálido degradada hacia abajo hasta un tierra de Siena natural. Pinte en torno a los bigotes de forma que sigan siendo blancos.

8 Con una mezcla de tierra sombra natural y azul ultramar (mi mezcla de sombra favorita), pinte en torno a los largos bigotes del lado derecho de forma que se vean bien blancos contra el fondo oscuro. En esta fase también apliqué algunas aguadas más libres en el lado izquierdo como preparación para el tratamiento algo más desenfocado de los detalles centrales.

10 Prosiga con las manchas de la piel del gato, permitiendo que algunos tonos se entremezclen un poco en húmedo sobre húmedo.

11 Reproduzca las manchas del gato dejando que algunos tonos se mezclen un poco en húmedo sobre húmedo. Para que destaquen, los bigotes del lado izquierdo tienen que quedar definidos por el pelaje de detrás; esto es más difícil que el lado derecho porque el fondo no es de un solo color. Algunas aguada suaves de un negro lámpara pálido y muy aguado sobre las áreas detalladas del pelaje ayudan a dar fuerza.

9 Un poco de rosa pálido (un magenta muy aguado) en la punta de la nariz, las motas de oscuro en las raíces de los bigotes, dar algo de definición al lado izquierdo de la cara y prestar atención a la forma general del hocico, ayudan a dar forma y solidez a la parte inferior de la cara.

12 Por último, defina el pelo del interior de las orejas con un gris azulado pálido y tierra de Siena tostada. Aunque este tratamiento laboriosamente detallado requiere un cuidadoso control, debería intentar mantener fresca la pintura con un pincel grande y aguadas sueltas siempre que tenga la oportunidad de hacerlo.

Cielos

Nubes

VÉANSE TAMBIÉN:

- Aguadas, pág. 26
- Húmedo sobre húmedo, pág. 28
- Pintar a partir de fotografías, pág. 142

Si existe un elemento para el que la acuarela está hecha realmente a medida, es la reproducción de los cielos. Las nubes y la niebla se componen de agua y se ven como aguadas entremezcladas; y las aguadas, si se aplican con vigor y audacia, parecen nubes y niebla.

Todos los grandes pintores del pasado que se interesaron por los efectos atmosféricos pasaron mucho tiempo observando el cielo y haciendo rápidos esbozos. Éstos los hacían sobre todo con acuarelas, incluso cuando en la pintura final se empleara otra técnica. Si quiere emular a estos maestros, es un buena idea llevar consigo un pequeño cuaderno de croquis y un equipo de acuarelas para registrar, siquiera de modo fragmentario, todos los efectos del cielo que le llamen la atención. Si tiene una cámara a mano, tome algunas fotografías como referencia adicional; con todo, estas fotografías tienen un uso limitado, ya que únicamente los fotógrafos profesionales pueden captar con eficacia el espectáculo de la formación de las nubes.

CIELO SIMPLE – HÚMEDO SOBRE PARCIALMENTE SECO

Ésta es una manera fácil y rápida de representar el cielo y las nubes. Apliqué una aguada de azul de cobalto, dejando superficies aleatorias sin pintar para representar las nubes. Sin esperar a que se secara, pinté las zonas de sombra de las nubes con un gris pálido y cálido (hecho de tierra de Siena natural mezclada con un poco de negro), y fui con cuidado de dejar zonas sin pintar entre las dos aguadas para representar los contornos iluminados de las nubes.

CIELO SIMPLE – HÚMEDO SOBRE HÚMEDO

Aquí hice gotear colores sobre una superficie ligeramente humedecida. Tendrá que elegir el momento en que los colores se hayan extendido lo bastante lejos como para tener contornos suaves y dejar algo de blando, pero no tanto como para que se corran y entremezclen por completo. Con la práctica, mejorará su capacidad de hacer esta estimación, si bien siempre existe un pequeño riesgo.

Cielo nuboso 1

Aunque este cielo se halla en gran parte cubierto de nubes, todavía se ve algo de azul cálidamente iluminado por el sol.

Materiales

Papel de acuarela rugoso de 185 g/m², pretensado

Pinturas de acuarela: tierra de Siena tostada, azul de cobalto

Pinceles: grande para aguadas

1 Con un gran pincel para aguadas, aplique una en degradado de tierra de Siena tostada. Aunque parezca un color inapropiado, siempre que no sea demasiado fuerte da calidez a las áreas claras y sólo modifica las aguadas subsiguientes. Deje secar.

2 Aplique una aguada de azul de cobalto, también en degradado hacia abajo. Mientras está aún húmedo, absorba partes del color con una toalla de papel para crear algunas formas de nubes. Deje secar.

3 Prepare una aguada mezclando azul de cobalto y tierra de Siena tostada y pinte las nubes más oscuras que enmarcan las más blancas y el cielo azul; continúe la aguada hacia abajo con una versión más clara de la misma mezcla.

Cielo nuboso 2

No se ve ni una sola zona despejada en este cielo: está totalmente nublado, aunque con atisbos de una incipiente luz solar por detrás.

Materiales

Papel de acuarela rugoso de 185 g/m², pretensado

Pinturas: tierra de Siena natural tostada, azul de cobalto, negro lámpara, azul ultramar

Pinceles: grande para aguadas

1 Con un pincel grande para aguadas, aplique una de tierra de Siena natural seguida de otra de negro lámpara. Frote con una toalla de papel y aplique la aguada negra con la punta del pincel de un lado a otro para crear la sugestión de nubes fragmentadas. Deje secar.

2 Mezcle azul ultramar con un poco de tierra de Siena tostada y aplique esta mezcla sobre las primeras aguadas, añadiendo más agua y tierra de Siena tostada a medida que trabaje hacia abajo para sugerir nubes más gruesas y más cerca del observador.

3 Con una mezcla similar pero más intensa de los mismos colores, pinte nubes todavía más oscuras añadiendo agua cuando se acerque al horizonte. Por último, pinte un indicio de los prados de debajo.

Cielos tormentosos

Con frecuencia, los cielos más interesantes para pintar son aquéllos en los que predominan las nubes compactas y pesadas.

VÉANSE TAMBIÉN:

- Aguadas, pág. 26
- Húmedo sobre húmedo, pág. 28
- Pintar a partir de fotografías, pág. 142

Estos cielos pueden contener grandes torres de cúmulos que se yerguen y presagian la llegada de la tormenta, o bien estar dominados por la base de una nube oscura y descendiente a partir de la cual cae la lluvia.

Las nubes adoptan formas muy diversas, en gran parte determinadas por su peso en el cielo, y a menudo es posible ver otras más altas a través de los espacios vacíos en las más bajas. El espectáculo cobra mayor fuerza cuando los rayos del sol atraviesan las nubes para crear destellos en el paisaje en gran parte oscurecido. Obviamente, la excitación que provoca este tipo de condiciones meteorológicas viene acompañada por el riesgo de que caiga encima un aguacero y por una vista en constante cambio. La solución a estas condiciones son los bocetos rápidos, quizás acompañados de notas visuales y fotografías. Cuando un cielo está cambiando con una rapidez tal que no permite su representación a lápiz o con pintura, es una buena idea tomar breves notas sobre los colores y los tonos; por muy espectacular que sea el cielo, si sólo se confía en la memoria, es casi seguro que ésta le traicione. Si su cámara permite controlar la exposición, es mejor hacer una toma con una exposición algo menor de la indicada, o bien hacer dos o tres tomas a exposiciones algo diferentes para obtener la mejor definición posible de las nubes.

Cielo con barcos de vela

He incluido un par de veleros en este estudio del cielo para representar algo brillante como contraste con los tonos relativamente oscuros de las nubes. Si incluye un pequeño paisaje en la pintura, bien iluminado o bien en la sombra, le será más fácil juzgar si el cielo está funcionando realmente o no.

Materiales

Lápiz 2B

Papel para acuarelas rugoso de 185 g/m², pretensado

Pinturas de acuarela: tierra de Siena tostada, negro lámpara, azul ultramar

Pinceles: grande para aguadas

1 Con un lápiz 2B, esboce levemente el barco de vela. Con un pincel grande para aguadas, aplique una pálida aguada de tierra de Siena tostada dejando las velas blancas y deje secar. Superponga una capa de negro lámpara, dejando una vez más las velas blancas. Deje que la aguada negra se seque con unos pocos contornos que sugieran nubes.

2 Prepare dos aguadas: una bastante pálida de azul ultramar y tierra de Siena tostada, y una versión más intensa que contenga más ultramar. Utilice la aguada más clara para las formas de las nubes en medio del cuadro y más abajo hasta el horizonte, y la más intensa para las nubes que están más arriba. Deje secar.

3 Prepare una aguada más cálida con tierra de Siena tostada y negro lámpara, y aplíquela en las nubes del primer término, diluyendo la aguada cuando se acerque al horizonte. Añada los detalles de la orilla distante, el mar y el barco. El cielo que al principio parece demasiado fuerte, ajustará su intensidad cuando pinte el tema principal del primer término.

Nubes de lluvia

Una de las situaciones climáticas más emocionantes es la que se crea al acercarse una tormenta: las nubes oscuras y móviles están ya encima del observador, proyectando largas sombras a través del paisaje, y en la distancia puede verse la lluvia como franjas semitransparentes que caen desde los quebrados contornos de la base de la nube, juntándose con la tierra de debajo.

Materiales

Lápiz 2B

Papel para acuarelas rugoso de 185 g/m², pretensado

Pinturas de acuarela: tierra de Siena tostada, azul de cobalto, azul ultramar, negro lámpara

Pinceles: grande para aguadas; toalla de papel

1 Con un pincel grande para aguadas, aplique una pálida de tierra de Siena tostada y déjela secar. A continuación, aplique una de azul de cobalto en degradado desde la parte superior hacia abajo. Emborrone con una toalla de papel las nubes iluminadas por el sol y haga gotear agua dentro de la aguada para aligerar el lado de sombra. Introduzca las primeras indicaciones del paisaje con azul ultramar y negro lámpara.

2 Prepare dos tonos de mezcla de azul de cobalto y tierra de Siena tostada. Empezando por arriba, pinte las nubes de tormenta con la mezcla más oscura y cambie a la más suave en la base y dentro de las bandas de lluvia que caen sobre el promontorio. Aunque el modelo de este ejercicio es un cielo tormentoso, el paisaje situado debajo del mismo estará sumido en sombras.

3 Aplique aguadas de azul ultramar y negro lámpara para perfilar las grandes nubes negras y añadir a la lluvia que cae. Los brillantes intervalos de cielo a gran altura y en el horizonte intensifican el drama, al igual que los embates del mar plomizo con su contorno de olas impetuosas.

TORMENTA QUE SE ACERCA

Utilizando los mismos principios, puede perfilar dibujos complejos creados por el cielo, el sol y las nubes. Aquí, un cúmulo se desplaza por delante de una serie de nubes altas barridas por el viento y está a punto de tapar por completo el sol, cuyos últimos rayos son visibles contra sus formaciones más bajas mientras el agua refleja la luz todavía dorada en el horizonte.

Los colores del cielo

El color del cielo varía en gran medida, incluso a plena luz del sol. A menudo es azul, pero puede teñirse casi de cualquier color del espectro visible.

VÉANSE TAMBIÉN:
- Aguadas, pág. 26
- Húmedo sobre húmedo, pág. 28

Cuando el sol está alto en un cielo sin nubes, el resplandor puede ser tal que apenas se vea color en absoluto. Las partículas de polvo y el vapor de agua pueden haber refractado los rayos del sol lo suficiente como para que el cielo se vuelva amarillo o gris.

Los cambios más espectaculares pueden verse al amanecer y al atardecer. En estos momentos, cuando el sol se encuentra cerca del horizonte y debido al ángulo que forma, la luz tiene que atravesar una capa de atmósfera mucho más gruesa para llegar al ojo; como resultado, las ondas de luz más largas del naranja y el rojo son las únicas que llegan hasta los ojos. Por encima de la cabeza, el cielo puede ser todavía azul y entre los dos extremos puede haber todos los matices intermedios de amarillo y verde.

Estos efectos pueden llegar a ser excesivamente sentimentales y manidos, pero siempre que no los use en exceso podrán formar parte de su repertorio.

Un cielo cubierto con pesadas nubes de tormenta pero con una superficie transparente cerca del horizonte, allí donde el sol se pone, crea un cielo muy espectacular.

PUESTA DE SOL TRANQUILA
Puede pintar una puesta de sol tranquila (o un amanecer) preparando una versión invertida del ejercicio de la aguada jaspeada de la pág. 29; dicho en otras palabras, empezando con azul en la parte superior y degradando a través de verde, amarillo y naranja hasta rojo. Cuando las aguadas estén secas, añada nubes de naranja con un toque de negro y colinas imaginarias con aguadas, a las que añadirá cada vez más pigmento negro.

Materiales

Papel para acuarelas rugoso de 185 g/m², pretensado

Pinturas de acuarela: amarillo de cadmio, *gamboge*, naranja de cadmio, azul de ftalocianina, bermellón, negro lámpara, azul ultramar, tierra sombra natural

Pinceles: grande

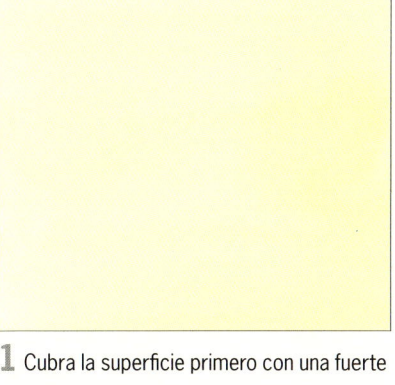

1 Cubra la superficie primero con una fuerte aguada de amarillo de cadmio. Con esto formará la base del cielo transparente y más brillante situado cerca del horizonte.

2 Sólo había una superficie de amarillo realmente brillante en este cielo, así que apliqué una capa de *gamboge* sobre todo el cuadro excepto en esta «daga» que apunta desde la derecha. La «coliflor» de secado no uniforme que se ve en esta aguada no tiene mayores consecuencias, ya que desaparecerá debajo de colores mucho más fuertes.

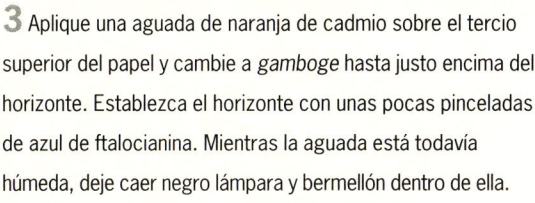

3 Aplique una aguada de naranja de cadmio sobre el tercio superior del papel y cambie a *gamboge* hasta justo encima del horizonte. Establezca el horizonte con unas pocas pinceladas de azul de ftalocianina. Mientras la aguada está todavía húmeda, deje caer negro lámpara y bermellón dentro de ella.

4 Sugiera las nubes principales con aguadas de bermellón y de negro, haciéndolas más oscuras en la parte superior. Añada las más pequeñas cerca del horizonte, rodeándolas de naranja de cadmio al que se le ha añadido un poco de azul y dejando que los contornos muestren que captan la luz.

5 Añada más nubes aún más oscuras a la masa nubosa principal y más naranja para aislar la «daga» remanente de cielo brillante. Bajo un cielo así, el paisaje resulta bastante oscuro, así que aplique aguadas de azul ultramar y tierra sombra natural para darle el contraste necesario.

6 Al alejarme del cuadro, me pareció que las nubes superiores eran demasiado oscuras, de modo que las diluí un poco con un pincel y agua limpia. El resultado final es casi tan espectacular como puede llegar a ser el cielo: se trata quizás de un acontecimiento raro, pero no imposible de encontrar.

Paisajes

Paisaje abierto

La técnica consistente en superponer capas transparentes es ideal para reproducir la progresión de tonos desde el primer término hasta la lejanía y dar así una sensación muy real de los distintos espesores de atmósfera a través de los que se ve el paisaje.

VÉANSE TAMBIÉN:

- Aguadas, pág. 26
- Superposición de colores, pág. 30
- Aprender a ver los tonos, pág. 34
- Equilibrio, pág. 50

Cuanto mayor sea la distancia que pueda apreciarse en una vista dada, más probable es que las vistas más alejadas aparezcan azules o malvas y presenten sutiles variaciones tonales. A medida que los ojos se desplazan hacia el primer término, por el contrario, los modelos van adquiriendo cada vez más su color «normal» con contrastes más intensos.

Para evitar que buena parte del paisaje se vuelva aburrido por lo que respecta a la composición, elija un punto de vista con algún elemento de interés y que esté cerca del centro. En este caso, hay una casa que destaca junto a una vuelta de la carretera cerca del centro del paisaje, que conduce la vista hasta el interior del cuadro. El paisaje tiene la iluminación a contraluz: el sol está enfrente, de tal forma que todo está iluminado por detrás, lo que significa que se crean franjas claras, no pintadas, en torno a los contornos de los modelos. Aunque a primera vista parece que hay una gran profusión de detalles, debe descubrir las típicas formas más generales; así pues, no intente incluirlo todo.

Materiales

Papel para acuarelas rugoso de 300 g/m², pretensado

Pinturas de acuarela: azul de cobalto, azul ultramar, *gamboge*, tierra sombra natural, verde de ftalocianina, bermellón, naranja de cadmio, negro lámpara, tierra de Siena tostada

Pinceles: grande para aguadas, mediano redondo

1 Prepare una generosa aguada mezclando azul de cobalto pálido con un poco de azul ultramar y otra de *gamboge*. Con un pincel grande para aguadas y empezando en la parte superior del papel, aplique una aguada azul en degradado hasta más o menos la mitad del papel, dejando unos pocos espacios sin pintar para las nubes. Cambie a la aguada de *gamboge* y aplique una en degradado sobre el resto del papel, empalideciendo hasta que no quede casi nada de color en la base. Deje secar.

2 Añada más pigmento azul de cobalto a la aguada azul y, con el pincel grande, pinte el contorno de la colina más distante, si es necesario, incline el tablero para evitar que la aguada se escurra por el papel hasta demasiado abajo. Deje secar. Añada tierra sombra natural a la mezcla para obtener un azul más verde y pinte la colina siguiente, suavizando el borde inferior de las colinas con agua limpia. Aplique una pincelada de *gamboge* húmedo sobre húmedo a lo largo del borde inferior. Deje secar.

4 Prepare un verde amarillento ácido mezclando *gamboge* con un poco de verde de ftalocianina. Con un pincel grande, pinte el follaje más claro y la hierba. Evalúe los tonos de la colina en contraste con este color: si se ven demasiado azules, pase un poco de color verde encima de ellos. Deje secar.

3 Prepare un verde pálido con *gamboge* y verde de ftalocianina. Con un pincel redondo mediano, «dibuje» la línea de la carretera y aplique una aguada de la mezcla verde sobre la mitad inferior del cuadro. Deje secar. Prepare un cálido color terracota mezclando bermellón con un poco de naranja de cadmio. Con el pincel mediano redondo, pinte algunos de los tejados de colores claros. Prepare un verde de tono medio con tierra sombra natural y verde de ftalocianina, y pinte suavemente algunos de los setos vivos entre campos; a falta de un dibujo preliminar, estos márgenes servirán de líneas directrices. Deje secar.

5 Prepare un verde azulado oscuro con tierra sombra natural y azul ultramar. Pinte la colina más próxima. Sitúese sobre las líneas de los setos trazadas en el paso 3 y pinte las formas aproximadas de los árboles más grandes. Estos bloques oscuros de color le ayudarán a definir las formas de las casas.

6 Continúe trabajando los verdes en la distancia media del paisaje, mojando el pincel en los distintos verdes de la paleta allá donde haga falta. Pinte más márgenes entre campos, como los campos que bajan en pendiente hasta la carretera, y más formas de árboles. Defina elementos de interés, ya que de lo contrario el paisaje se vería excesivamente abierto. Con una mezcla de azul ultramar y tierra sombra natural, pinte las fachadas en sombra y las sombras proyectadas por las casas.

7 Prepare un verde oscuro e intenso con verde de ftalocianina y negro lámpara, y esboce la colina boscosa de la izquierda, dejando que aparezca en algunos lugares el color subyacente. Aunque ahora está empezando a incluir algunos de los detalles, asegúrese de que el pincel está totalmente cargado y de que el color fluye sobre la pintura: si las pinceladas son demasiado secas, el cuadro se verá «fatigado» y «tieso».

8 Pinte encima de los campos del primer término con una mezcla de *gamboge* y un poco de verde de ftalocianina. Los colores tienen que ser más brillantes y cálidos en el primer término que en la distancia, ya que esto ayuda a crear una sensación de retroceso. Deje secar.

9 Use verdes cada vez más oscuros a medida que se desplaza hacia el primer plano. Dé amplias pinceladas de color verde cálido por el primer término para establecer las formas generales de las masas de árboles.

10 Continúe trabajando en los árboles del lado izquierdo de la imagen, creando formas generalizadas en «abanico» en lugar de intentar pintar cada una de las formas con precisión. Utilice varias mezclas de verde oscuro y avance gradualmente hacia el primer término. Observe cómo la iluminación a contraluz crea un cerco en forma de arco en torno a los contornos de los árboles; déjelos sin pintar para establecer una sensación de sol y sombra en la pintura.

11 Prepare un negro azulado oscuro mezclando negro lámpara con azul ultramar y pinte la estructura del primer término situada a la derecha de la pintura. Pinte más formas generales de árboles en el primer plano. Añada tierra de Siena tostada a algunas de las mezclas generales de verde y, con un pincel fino, pinte algunos de los troncos de árboles y los postes de los cercados en primer término.

Hacer inventario

La pintura se encuentra ahora bien encaminada en la recta final y desde ahora en adelante puede consolidar áreas específicas. Trabaje los verdes, utilizando otra vez y modificando según convenga todas las mezclas que ya están en la paleta. Hay tantos tonos y matices diferentes de verde en este paisaje que no es posible (ni tampoco conveniente) ser muy preciso con los tonos; confíe en su instinto y concéntrese en cambio en evaluar los valores tonales en su totalidad.

El uso de diferentes tonos de azul en las colinas ayuda a crear una sensación de retroceso

Estos verdes medios ayudan a definir los contornos de los edificios y a transmitir la sensación de que están completamente rodeados de verdor

Algunos árboles son más marrones que otros; para estas zonas, añada un poco de naranja de cadmio a sus mezclas verdes

12 Continúe pintando los árboles del primer término, dando audaces pinceladas con varias mezclas de verde. Continúe reajustando los valores tonales a medida que pinte, ya que un cambio en una zona podría alterar el equilibrio de la pintura en su conjunto. Aquí, por ejemplo, el lado izquierdo era demasiado amarillo, así que di una pincelada de mezcla verde pálido sobre esta área. Si las aguadas están completamente secas, no se verán alteradas, así que no tema trabajar con audacia e inundar el papel de color.

13 Continúe introduciendo los verdes oscuros de los árboles del primer término preparándolos como antes.

14 Prepare un color de nube oscura con azul de cobalto y tierra sombra natural, y pinte con él sobre las nubes que dejó sin pintar en el paso 1. Prepare una aguada muy pálida de azul de cobalto y aplíquela sobre la carretera sin pintar, que ahora se ve muy poco trabajada en comparación con el resto de la pintura. Si es necesario, ajuste la densidad del tono en los lados oscuros de los edificios y pinte las últimas áreas de follaje oscuro. El centro de interés original, el giro de la carretera, se ha ampliado hasta incluir la hilera de árboles más oscuros que forman un arco hacia ella.

Escena fluvial

Un río ofrece un centro de interés inmediato en un paisaje, de un modo similar a una carretera, pero con más posibilidades de variación.

VÉANSE TAMBIÉN:

- Superposición de colores, pág. 30
- Equilibrio, pág. 50
- Texturas y aditivos, pág. 60

El agua es reflectante e interactúa por tanto con la luz ambiente y el entorno físico. El modo en que los reflejos aparecen en el agua del río puede variar de forma considerable. En un curso rápido, puede no haber prácticamente reflejo alguno aparte de un parecido general en el color al que pueda presentar el cielo. Uno de curso lento, en cambio, tiene una superficie reflectante como un espejo, aunque ésta pueda quebrarse momentáneamente por una racha de viento. En el agua poco profunda se ve a través de los reflejos el lecho del propio río.

Para reproducir estos efectos, es preciso observar con atención y de un modo no sesgado. No existen reglas definitivas que rijan el aspecto de los reflejos: en aguas transparentes y muy tranquilas pueden ser prácticamente indistinguibles, mientras que un agua tranquila que no sea transparente puede darles un tono más bajo, e incluso el agua con oleaje se comporta como un espejo roto. Lo mejor es pintar las formas que vea, sin intentar pensar demasiado en la superficie del agua.

Materiales

Papel para acuarelas prensado en frío de 185 g/m², pretensado
Lápiz 2B
Pinturas de acuarela: verde de ftalocianina, amarillo limón, azul de ftalocianina, tierra de Siena tostada y natural, magenta, negro lámpara, azul de cobalto, *gamboge*, amarillo de cadmio, índigo
Pinceles: grande, mediano y pequeño redondo

1 Con un lápiz 2B, indique levemente las formas principales. Prepare una aguada verde clara con verde de ftalocianina y amarillo limón, y con un pincel grande para aguadas defina la forma redondeada de la colina boscosa que sirve de fondo a este plácido paisaje. Deje secar.

2 El centro de interés natural es la afilada punta de la orilla donde el río traza un doble recodo. Defina éste con mucho esmero, situando las dos orillas en punta, una justo enfrente de la otra, con un azul pálido (azul de ftalocianina) que represente la superficie del río. Justo encima se vislumbra el único edificio del paisaje, cuyo tejado rojo rosáceo debe pintar con una mezcla de tierra de Siena tostada y un poco de magenta. Entre los dos, pinte algunas pequeñas formas de los árboles ribereños antes del segundo recodo con un pincel pequeño y una mezcla medianamente oscura de verde de ftalocianina y negro lámpara, pero dejando algo del verde claro del fondo entre estas formas en abanico para representar los bordes claros de la iluminación a contraluz. Pinte un par de los árboles más próximos, que rompen el horizonte, con un pincel mediano y una mezcla un poco más fuerte de verde de ftalocianina y amarillo limón.

3 Prepare una aguada pálida de azul de ftalocianina y azul de cobalto y con el pincel grande para aguadas introduzca de forma aproximada el reflejo del cielo en el agua.

4 Prepare un verde amarillento mezclando *gamboge* y una pequeña cantidad de verde de ftalocianina y pinte todos los árboles que tengan esta variante del más universal verde medio.

5 Prepare este último a partir de verde de ftalocianina, amarillo de cadmio y un poco de negro lámpara y, con el pincel mediano, dé amplias pinceladas para indicar el follaje de los dos árboles más grandes. Empiece a pintar los reflejos con distintas mezclas de los mismos colores y dando pinceladas verticales. Los ligeros rizos en la superficie del río hacen que los reflejos se vean como una serie de columnas.

6 Con un pincel redondo pequeño y distintas mezclas de verde de ftalocianina y negro lámpara (los troncos de los árboles rara vez se ven verdes a esta distancia), dibuje las ramas y los troncos. No intente dibujar cada una de ellas, fíjese tan sólo en el dibujo general. Coloree el lado de sombra del bajo muro del centro con algún tipo de gris cálido, dejando el contorno superior claro, e intensifique el contraste añadiendo sombras más oscuras (verde de ftalocianina más negro lámpara) a los arbustos de detrás y sombras algo menos intensas a los árboles situados encima de aquéllos. Utilice la misma mezcla verde oscura para pintar los reflejos más verticales.

7 Aplique un verde de tonos medios sobre todo el conjunto de reflejos y deje secar. Añada algunos reflejos de un verde más oscuro para mostrar cómo los rizos perturban la superficie del agua. Con la misma mezcla, continúe trabajando los tonos oscuros del árbol más grande.

8 Continúe trabajando los reflejos, expandiendo los rizos hasta dentro de los reflejos del cielo. A la derecha del primer término, el ángulo de visión ha permitido que el color del lecho fluvial domine sobre el reflejo del cielo; indique este color con una aguada de tierra de Siena tostada mezclada con un toque de azul de cobalto.

9 Continúe perfilando los tonos a contraluz en los árboles principales añadiendo tonos más detallados y dejando que los contornos representen la luz desde detrás y más allá de ellos. A medida que los árboles se vuelven más oscuros, también se oscurecen los reflejos, así que observe dónde se encuentran dichos tonos y trabájelos hasta que reflejen los colores de los árboles.

10 A continuación, es el momento de pintar algunos detalles en la colina cubierta de árboles. Con un pincel redondo mediano y los mismos verdes de tonalidad media que empleó para los reflejos, cree formas generalizadas «en abanico» para indicar las porciones sombreadas de los árboles distantes. Observe ahora cómo, al igual que en el ejercicio previo, la iluminación a contraluz crea un cerco en forma de arco en torno a los contornos de los árboles, dejando la aguada original para representar esos contornos claros.

11 En el paso 10, aunque ya se habían introducido algunos rizos, el agua todavía no parecía tener una superficie; si ahora añade rizos con pinceladas bastante rápidas de índigo mezclado con negro lámpara encima de los reflejos, obtendrá dicha superficie.

12 Por último, con un viejo cepillo de dientes salpique tierra de Siena tostada y la mezcla verde pálido sobre la orilla del río para conseguir una textura pedregosa. Haga entrar en escena el árbol de la derecha del primer término con pinceladas más oscuras de verde de ftalocianina y negro lámpara.

Perfilar un paisaje

Pintar paisajes no sólo consiste en buscar amplios panoramas, esas perspectivas que siempre se describen como magníficas vistas. Los paisajes más intimistas también tienen su encanto.

VÉASE TAMBIÉN:
- Aguadas, pág. 26

Materiales

Lápiz 2B

Papel para acuarelas de 185 g/m², pretensado

Pinturas de acuarela: azul de cobalto, naranja de cadmio, tierra de Siena natural, verde de ftalocianina, negro lámpara, amarillo limón, rojo claro, verde esmeralda, tierra de Siena tostada, tierra sombra natural, azul de ultramar

Pinceles: mediano para aguadas, chino mediano, redondo pequeño

Los árboles, como estos almendros del Algarve, en el sur de Portugal, tienen pocas hojas en ciertas épocas del año, de modo que revelan la estructura básica y el color de los troncos y las ramas. La luz solar no sólo revela la forma al iluminar directamente las ramas, sino que también proyecta sombras de las ramas en otras ramas y en el suelo.

Enmarcada por esta serie de formas, se halla la propia alquería, un simple edificio blanco e iluminado por el sol, con un emparrado en torno a la puerta. Para conseguir la necesaria impresión de espacio entre los almendros del primer término y el edificio, debe tratar este último con delicadeza y los primeros con un toque audaz. Por esta razón, probablemente es mejor empezar con la alquería e ir avanzando hacia las robustas formas de los árboles y las ramas a medida que vaya adquiriendo más confianza y se sienta capaz de aplicar las aguadas más intensas.

Dicho sea de paso, estoy convencido de que ésta es la mejor manera de avanzar en una pintura a la acuarela: aunque las primeras aguadas puedan ser amplias, normalmente son claras, dejándose para las últimas fases el perfilado de las más robustas. Los detalles pueden incluirse en cualquier fase de la pintura y no necesariamente en la última.

1 Con un lápiz 2B, esboce ligeramente el paisaje. Busque los dibujos recurrentes, tales como las tejas de los techos, ya que le ayudarán a comprender cómo se construyó el edificio, así como el carácter y las texturas del mismo. Análogamente, busque el patrón de crecimiento de las ramas de los almendros que se proyectan en el primer término; las curvas que forman son características de este árbol y contribuirán a hacer más convincente la pintura.

2 Prepare una generosa cantidad de azul de cobalto y, con un pincel mediano para aguadas, aplique una sobre el cielo, cuidando de no pintar las ramas y la alquería. Vaya con especial cuidado en torno a la chimenea, ya que es importante reservar el blanco del papel en este lugar. Trabaje con el tablero plano para evitar que la pintura gotee dentro de zonas a las que no quiera que vaya. Deje secar.

3 Prepare una aguada pálida de naranja de cadmio y, con un pincel chino mediano, pinte el tejado. Utilice el mismo color para el suelo reseco del primer término y tierra de Siena natural, tanto sola como haciéndola gotear en húmedo sobre húmedo dentro del amarillo de cadmio, para las zonas más marrones del suelo. Deje secar.

4 Prepare un verde frío muy pálido con verde de ftalocianina, tierra de Siena natural, azul de cobalto y un poco de negro lámpara. Con el pincel redondo mediano, aplique esta mezcla sobre los árboles para establecer el color de los troncos y ramas. Pinte el brillante follaje del árbol situado a la izquierda del cortijo con una mezcla de verde de ftalocianina y amarillo limón.

5 Aplique una aguada muy pálida de azul de cobalto sobre la parte superior de la imagen para incrementar la densidad del cielo y asegurarse de que no queden manchas blancas, pero evite la chimenea. Aplique una aguada muy pálida de tierra de Siena natural sobre el fondo, dejando la alquería blanca y trabajando en torno a los troncos y los árboles. Deje secar.

6 Con un pincel redondo pequeño, empiece a introducir algunos detalles: la puerta azul pálida (azul de cobalto), las sombras bajo los aleros, la sombra que proyecta la parra sobre la fachada del edificio y los cristales de las ventanas (varias mezclas de azul de cobalto y negro lámpara), las sombras pardo rojizas en y en torno a los edificios accesorios (una mezcla de negro lámpara y de tierra de Siena natural), y la puerta pardo rojiza a mano derecha (rojo claro). Prepare un verde brillante con verde de ftalocianina y amarillo limón e introduzca los árboles situados a media distancia en torno a la alquería. Añada un poco de azul de cobalto a la mezcla para la parra de encima de la puerta.

7 Prepare un verde frío con verde esmeralda, negro lámpara y tierra de Siena natural. Con un pincel chino mediano, introduzca algunas de las sombras proyectadas y la textura en las ramas colgantes. Deje secar.

8 Prepare varios pardos rojizos con tierra de Siena natural y tierra de Siena tostada, y, mediante pinceladas sueltas y caligráficas, insinúe el color y la textura de la tierra desnuda del primer término.

9 Prepare un verde oscuro y negruzco con negro lámpara y verde de ftalocianina. Pinte con él las sombras proyectadas en las ramas y los lados en sombra de éstas.

10 Prepare un color de sombra oscuro con tierra sombra natural y azul ultramar, y pinte las sombras proyectadas en el suelo. Ingénieselas para hacerlo con audacia y convicción, ya que si lo hace con timidez no funciona. Como puede deducir del número de veces que se repite en mis proyectos, ésta es una de mis mezclas preferidas para las sombras. Pase una apreciable riqueza en todas sus proporciones: cuando el ultramar domina, es fría, mientras que cuando es el color tierra sombra natural el que domina, la sombra se torna más cálida.

11 A continuación; introduzco el verde brillante del follaje de los árboles próximos al cortijo usando una mezcla de verde de ftalocianina y amarillo limón. Al contemplar la pintura en este estadio final podrá descubrir unos pocos detalles que tendrían que añadirse, como éste, pero intente no ser demasiado exigente, ya que es extraordinariamente fácil ir demasiado lejos y diluir el impacto de la obra.

Alcornocal

VÉANSE TAMBIÉN:

- Aguadas, pág. 26
- Superposición de colores, pág. 30
- Aprender a ver los tonos, pág. 34
- Tipos de máscaras, pág. 56

Los bosques y demás terrenos arbolados parece que nos brindan el paisaje natural definitivo, ajenos como están a la mano del hombre. En la práctica, sin embargo, a menos que se trate de una selva virgen, la mayoría están manipulados en uno u otro grado.

En las montañas del sur de Portugal, los alcornoques se cultivan para fabricar el corcho de las botellas de vino y los aislamientos. Lo que nos interesa a nosotros es su apariencia. El corcho se cosecha a intervalos de aproximadamente diez años, arrancando la corteza del tronco, así como la de las ramas principales hasta cierta distancia, lo que revela un asombroso color rojo como si los árboles sangraran; de hecho, a menudo pueden verse algunos regueros de savia roja. Los árboles se pintan entonces con un número que indica el año en que se descortezaron, el cual permanece visible a medida que la corteza de debajo se recupera gradualmente, hasta la repetición del proceso entero al cabo de diez años.

Los árboles afectados constituyen, por tanto, sólo cerca del 10 % del bosque, pero brindan una magnífica oportunidad para emplear rojos intensos en un tipo de paisajes en el que por lo general predominan los verdes y marrones.

Materiales

Lápiz 2B
Papel para acuarelas prensado en frío de 185 g/m², pretensado
Pluma con plumilla de acero
Máscara líquida
Pinturas de acuarela: tierra de Siena natural, negro lámpara, tierra sombra natural, *gamboge*, tierra de Siena tostada, naranja de cadmio, azul ultramar, verde de ftalocianina, amarillo limón, bermellón, magenta, verde esmeralda
Pinceles: grande para aguadas, mediano redondo, mediano chino

1 Con un lápiz 2B, esboce levemente los principales troncos de los árboles y el follaje, e indique el dibujo general de la hierba de colores claros del primer término.

2 Con una plumilla de acero y máscara líquida, enmascare la hierba del primer término. Aunque las ha dibujado a lápiz, los trazos del grafito reaparecerán cuando elimine la reserva en los estadios finales de la pintura. Deje que la máscara líquida se seque por completo.

3 Prepare un marrón pálido mezclando tierra de Siena natural con negro lámpara. Con un pincel grande para aguadas, pase esta mezcla sobre la zona arenosa del primer término, en la parte inferior derecha. Deje secar. Prepare un marrón algo más verde con tierra de Siena natural y tierra sombra natural, y aplíquelo en pinceladas sueltas sobre la primera aguada. Deje secar.

4 Prepare un anaranjado pardusco con *gamboge* y tierra de Siena tostada. Con un pincel redondo mediano, pinte las áreas más oscuras en los troncos de los alcornoques. Pinte los que están iluminados con una luz más brillante utilizando una aguada de tono medio de naranja de cadmio. Observe dónde las ramas se entrecruzan unas delante de otras y dónde el follaje oculta las ramas, y deje espacios sin pintar en estas zonas. Deje secar.

6 Con las yemas de los dedos, frote suavemente y quite la reserva de la máscara líquida para revelar las líneas de la hierba del primer término. Pase los dedos por la superficie del papel para asegurarse de que ha eliminado toda la reserva.

5 Las ramas que no han sido descortezadas son de color gris. Con un pincel chino, que va especialmente bien para las líneas fluidas, píntelas en negro lámpara. Dado que es un color naturalmente frío, déle calidez en algunos lugares dejando gotear un poco de tierra de Siena tostada en húmedo sobre húmedo. Prepare dos mezclas de tierra sombra natural y azul ultramar, una más azul que la otra, y pinte las rocas que quedan al descubierto en primer término.

7 Con las mezclas de tierra sombra natural y azul ultramar del paso 5 y un pincel chino mediano, introduzca algunas sombras en el primer término, pintando por detrás y en torno a las líneas expuestas de la hierba para que resalten nítidamente.

8 Prepare un verde oliváceo mezclando *gamboge* con un poco de verde de ftalocianina y uno más claro con verde de ftalocianina y amarillo limón, y con el pincel chino mediano empiece a poner algo de color de fondo en los árboles. Alterne entre estas dos mezclas para obtener cierta variación de color en el follaje.

9 Prepare un rojo anaranjado intenso con tierra de Siena tostada, bermellón y un poco de magenta, y pinte con él los troncos que han sido descortezados, dejando que aparezca a través algo del naranja subyacente allí donde la luz incide en los troncos.

10 A continuación, puede empezar a trabajar en el follaje y a dar realmente vida a la pintura. Prepare un verde amarillento con verde esmeralda y tierra de Siena natural y una versión más azul de la misma mezcla, usando más verde esmeralda. Alternando entre ambas mezclas, pinte el follaje. Observe cómo el uso de dos tonos acentúa la sensación tridimensional de la imagen: ahora empieza a ser más fácil ver qué áreas del follaje quedan en la sombra y cuáles están en la luz brillante del sol.

11 Continúe introduciendo verdes como antes, asegurándose de que deja muchos espacios libres para ver a través de los verdes claros del fondo. Observe cómo la inclusión de bloques oscuros de follaje ayuda a definir los concisos contornos de los troncos. Deje secar.

12 Prepare un gris neutro con tierra sombra natural y azul ultramar, y con un pincel chino mediano pinte las sombras de los troncos, dejando que aparezca a su través algo del color subyacente (observe cómo el gris se ve modificado por el rojo subyacente). Utilice la misma mezcla para las ramas oscuras de los árboles de la derecha.

13 Emplee el mismo color y el mismo pincel para pintar las sombras en el terreno arenoso situado bajo los árboles con pinceladas sueltas y arremolinadas.

14 Prepare un verde oscuro con verde esmeralda, *gamboge* y una diminuta cantidad de negro lámpara. Utilice este verde para unificar las áreas fragmentadas de verde en la mitad superior de la imagen. Ajuste los colores allí donde sea necesario, usando las mismas mezclas que antes.

MARINAS

Mar y acantilados

Con tantos «estados de ánimo» y tantas yuxtaposiciones con la tierra, el mar es un tema infinitamente rico para el artista y se merece probablemente un libro por derecho propio.

VÉASE TAMBIÉN:
- Textura y aditivos, pág. 60

Por supuesto, ya existen muchos de estos libros y buena parte de ellos dedican un gran número de páginas a la descripción de los embates de las olas, razón por la cual yo no me explayaré al respecto. No me malinterprete: me gusta como al que más ver el brillo del sol a través del labio verde de una ola justo antes de que se enrosque y se estrelle en un revoltijo de espuma, pero las fotografías ya captan todo esto muy bien y las pinturas sobre este tema resultan algo manidas.

Tan interesante como estos embates es la interacción entre el mar y la orilla, la erosión y la conformación incesante de las rocas y el desarrollo y perfilado de las dunas. Millones de años de erosión han puesto al descubierto la estructura subyacente de los acantilados, los estratos doblados y retorcidos por las fuerzas colosales de los movimientos tectónicos de las placas, en tanto que la acción de los elementos esculpe formas a veces fantásticas en las rocas aisladas.

LA CALA BASSET VISTA DESDE ARRIBA
Hay días en que el mar está tranquilo, transparente y es de un azul increíble, acariciando con suavidad una playa de arena blanca. La transparencia del agua hace que sea visible el paisaje submarino, mostrándose la arena de un turquesa translúcido y las rocas cubiertas de algas casi de color índigo. En los acantilados marinos crece una flora propia: en este caso, millones de flores diminutas en estas antiguas cimas de acantilados.

ZAKINTHOS
Los estratos inclinados de este deslumbrante acantilado blanco en la isla griega de Zakinthos se hunden en un mar de un azul extraordinariamente profundo y translúcido, donde puede apreciarse cada una de las variaciones del fondo marino.

COSTA DEL SUR DE DEVON, INGLATERRA
La evidencia de la acción erosiva del mar sobre la costa es omnipresente y, a veces, produce formas que parecen esculpidas por el ser humano.

Formas y dibujos en las playas

Los acantilados y las playas constituyen una fuente de interminables y fascinantes formas y dibujos. Como están sujetos al embate continuo de las olas del mar, nunca son exactamente iguales y algunos, incluso, cambian con cada marea.

VÉANSE TAMBIÉN:

- Húmedo sobre húmedo, pág. 28
- Superposición de colores, pág. 30

Esta playa es una de las muchas de la costa cercana a mi casa que conozco bien: todas ellas tienen olas, arena y afloramientos rocosos. Buena parte de ellas, como por ejemplo ésta, cuentan además con pequeños arroyos que las atraviesan. A resultas de ello, la arena es transportada de un lado a otro, con canales que se forman y barras que aparecen, cambiando sutilmente cada día y en diferentes momentos del día. A veces dominan las olas; en otros momentos, el arroyo toma el relevo.

Aquí la marea está baja; el arroyo se abre paso a través de la arena, lavando la arena de algunas rocas y formando un patrón de distribución del flujo de agua que es único en cada marea. Allí donde la playa ha quedado expuesta, la superficie está todavía húmeda y refleja el cielo nublado como un espejo. Las aplicaciones de húmedo sobre húmedo son perfectas para representar este efecto.

Las líneas de rompiente en el plano posterior parecen haber sido dibujadas con una regla de borde recto. Aunque constituye una parte relativamente pequeña del cuadro, el azul intenso del mar y el verde oscuro de la orilla distante actúan como un potente contrapunto horizontal frente a los arremolinados dibujos en primer término, equilibrando la imagen.

Materiales

Papel para acuarelas rugoso de 140 g/m², pretensado
Lápiz HB
Pinturas de acuarela: azul de cobalto, azul ultramar, tierra sombra natural, negro lámpara, azul cerúleo, verde de ftalocianina, *gamboge*, tierra de Siena natural
Pinceles: grande de abanico, redondo mediano, grande plano
Toalla de papel
Pluma de plumilla de acero mediana
Máscara líquida

1 Con un lápiz HB, esboce el paisaje. Hay algunas formas muy contundentes; aunque quedarán cubiertas por las sucesivas aguadas de acuarela, no dibuje demasiado oscuras las áreas claras porque, de lo contrario, se verían los trazos del lápiz.

2 Con una esponja o un pincel grande de abanico, humedezca con agua limpia el área húmeda y las partes de la arena donde el cielo se refleja. Deje gotear azul de cobalto en húmedo sobre húmedo para los reflejos del cielo en la arena. Prepare un gris oscuro con azul ultramar y tierra sombra natural, y pinte los reflejos de las nubes en la arena. Presione una toalla de papel sobre la pintura para suavizar los contornos, dándole la vuelta al papel cada vez para no embadurnar el cuadro con la pintura. Deje secar.

3 Con la misma mezcla gris oscura y un pincel redondo mediano, esboce las rocas oscuras. Estas formas afiladas, pintadas en húmedo sobre húmedo, contrastan con la escasa nitidez de la fase anterior. Prepare una aguada azul intensa con azul ultramar y un poco de negro lámpara. Aplíquela sobre la superficie oscura del mar y las pequeñas olas del último término. Pinte el área oscura de arena que sobresale a la izquierda con una mezcla de azul ultramar y tierra sombra natural. Trabajando en húmedo sobre húmedo, deje gotear un poco de tierra sombra natural en algunos lugares. Deje secar.

4 Con una plumilla mediana de acero, cubra las pequeñas casas de colores pálidos de la colina distante con máscara líquida. Deje secar. Con un pincel mediano redondo, pinte en torno a la ola del último término en azul cerúleo. Deja secar. El agua está empezando a adquirir más profundidad de color y variedad tonal.

5 Aplique una aguada de azul de cobalto por encima del cielo, dejando un espacio sin pintar para las nubes. Deje secar. Prepare un intenso verde oscuro con verde de ftalocianina, azul ultramar y *gamboge*. Pinte la zona de tierra en lo alto de la pintura, dejando unas pocas tiras sin tocar en la base del promontorio para las diminutas playas que éste contiene. Deje secar.

6 Prepare un verde oscuro con verde de ftalocianina, una pequeña cantidad de tierra sombra natural y negro lámpara. Con un pincel redondo mediano, pinte las formas de los árboles y aplique amplias pinceladas de color sobre la colina, pero deje que aparezca algo del verde de debajo en las áreas iluminadas por la luz solar.

7 Prepare un azul oscuro con azul ultramar y un poco de negro lámpara. Con un pincel plano, pinte el agua del primer término arrastrando el pincel hasta obtener una textura ligeramente quebrada en algunos lugares.

8 Prepare un gris pálido con azul de cobalto, azul cerúleo y una cantidad diminuta de negro lámpara. Con un pincel mediano redondo, pinte remolinos sueltos sobre la arena del primer término para intensificar el tono en algunos lugares.

9 Con un pincel redondo mediano y una mezcla de azul ultramar y tierra sombra tostada, pinte los rizos del agua en primer término.

10 Con la mezcla azul oscura que empleó en el paso 3, haga amplios barridos con el pincel grande de abanico a través de la zona de mar oscuro del último término del cuadro. Utilice el mismo color para pintar algunos rizos en el agua del primer plano inmediato y a media distancia. Indique la diminuta figura del surfero.

11 Prepare un azul verdoso con azul ultramar y verde de ftalocianina. Con un pincel redondo mediano, dé unas cuantas pinceladas con este color en el último término para reforzar los colores del agua y darle más variedad tonal. Pinte también más detalles oscuros en la arena empapada de agua del primer término. Añada un toque de *gamboge* a la plancha del surfero. Elimine la reserva de la máscara líquida en la colina distante y aplique encima una aguada con un poco de gris azulado.

12 Prepare un gris pálido con azul ultramar y negro lámpara y aplique esta aguada sobre la parte inferior de las nubes para darles un poco de forma. Con una versión más oscura de la misma mezcla, pinte algunos detalles más del primer término. Pase el pincel con azul ultramar y negro sobre partes del primer término para quitar una parte de los toques de luz. Por último, prepare un color verde oliva con tierra de Siena natural y negro lámpara, y pinte el primer plano inmediato.

EDIFICIOS

Abadía en ruinas

VÉANSE TAMBIÉN:
- Aguadas, pág. 26
- Húmedo sobre húmedo, pág. 28

Los edificios en ruinas han ejercido desde siempre una gran fascinación sobre los pintores, tal vez porque, si bien están hechos por el hombre, se ven como una parte más integral del paisaje.

Materiales
Lápiz 2B
Tablero para acuarelas
Pinturas tierra de Siena natural y de Siena tostada, azul de cobalto, *gamboge*, tierra sombra natural, negro lámpara, rojo claro
Pinceles: grande, redondo pequeño

En cualquier caso, en tanto que se hayan conservado elementos suficientes de la estructura original, un edificio en ruinas ofrece un interesante ejercicio de perspectiva y de iluminación, tanto más cuando por lo general faltan el tejado y un muro o dos.

Este hermoso edificio es cuanto queda de la abadía de Tintern, en Gales del Sur, que John Sell Cotman, el padre de la acuarela inglesa, pintara al igual que tantos otros. Cuando la visité, la luz del sol penetraba a través de las aberturas de los muros, creando unos maravillosos juegos de luces y sombras, al tiempo que dejaba uno de los muros, con una imponente ventana, silueteado contra el cielo azul. Un tema como éste requiere un tratamiento audaz.

1 Con un lápiz 2B, esboce ligeramente la escena prestando especial atención a los ángulos y las líneas de perspectiva. Esta escena muestra la abadía a primeras horas de la mañana, lo que significa que un gran número de superficies están en sombra intensa y que muchas sombras son alargadas. Fíjese bien dónde incide la luz sobre el edificio, ya que esto le permitirá tanto ver la obra de piedra con detalle como transmitir la sensación de la forma del edificio.

2 Prepare una generosa cantidad de un tierra de Siena natural muy pálido con una cantidad diminuta de tierra de Siena tostada y, con un pincel grande para aguadas, aplique una aguada sobre la totalidad del papel. Deje secar. Si fuera necesario, siempre está a tiempo de aplicar una segunda aguada; en realidad, yo apliqué aquí tres antes de conseguir el tono correcto, dejando que cada una de ellas se secara antes de aplicar la siguiente. Añada un poco más de pigmento a la mezcla de pintura y aplique una aguada en degradado sobre el tercio superior del papel. Deje secar.

3 Prepare una aguada de azul de cobalto y aplíquela encima del suelo, cuidando de pintar siempre en torno a las líneas de la abadía. Si es necesario, deje algunos espacios en blanco para las nubes y quite pintura con una toalla de papel. La aguada de tierra de Siena modifica el color del azul de cobalto. Deje secar.

4 Prepare un color intenso donde predomine el amarillo para las piedras, mezclando tierra de Siena natural y *gamboge*. Con el pincel grande para aguadas, aplique una sobre la obra de piedra, cuidando de no pasar el pincel por el cielo azul que se ve a través de los arcos. Deje secar.

5 Prepare un marrón verdoso mezclando tierra sombra natural, negro lámpara y rojo claro. Con un pincel redondo pequeño, pinte algunos de los tonos más oscuros en la obra de sillería de la ventana con arcos. Utilice abundante agua, incluso al pintar los detalles, o de lo contrario las pinceladas se verán pobres al secarse. Deje gotear tierra de Siena natural en algunos lugares para dar algo de variación tonal y textura a la obra de sillería.

6 Con la misma mezcla marrón verdosa y un pincel redondo mediano, introduzca tonos oscuros en los arcos primero y segundo, dejando gotear una vez más tierra de Siena natural para dar cierta variación tonal a la piedra. Es vital que estas sombras continúen siendo interesantes, ya que ocupan una gran superficie del cuadro, así que no deje que se vuelvan turbias y excesivamente oscuras.

7 Prepare un marrón neutro y frío con azul de cobalto y tierra sombra natural, y aplique una pálida aguada sobre la gran columna que queda a la izquierda del primer término. Añada algo de tierra de Siena natural a la mezcla para darle calidez a medida que se desplaza hacia el centro. Deje secar. Con la mezcla marrón verdosa del paso 5, pinte las sombras más oscuras del lado derecho. Una vez haya establecido los límites de una zona de sombra, deje gotear otros colores en húmedo sobre húmedo, para modificar los tonos sin que la pintura se escurra fuera de esta zona.

8 Prepare un verde oscuro (aunque vivo) mezclando verde de ftalocianina y amarillo limón, y pinte las franjas oscuras de hierba del primer término, añadiendo amarillo limón para la franja más brillante del centro. Deje secar. Aunque las franjas de verde son elementos muy pequeños en la composición total, son muy importantes para establecer el plano del suelo y dirigir el ojo a través del edificio hasta la pared casi independiente.

9 Prepare un gris cálido con tierra de Siena natural, tierra sombra natural y negro lámpara, y con un pincel redondo mediano empiece a pintar las líneas oscuras de las molduras del arco.

10 Al llegar a esta fase, me di cuenta de que había cometido un error en la esquina superior derecha: la totalidad de esta superficie tenía que ser cielo, pero por equivocación había dibujado el comienzo de otro arco. Para corregir esto, humedecí la zona con agua limpia para eliminar el borde duro y apliqué más azul de cobalto. Por muy experimentado que sea usted, no dé por sentado que el dibujo tiene una precisión del cien por cien. Continúe verificando cada uno de los elementos mientras pinte.

11 Con las mismas mezclas que antes, continúe añadiendo detalles en el arco de la derecha. Observe que las piedras se han envejecido y desgastado de distintas maneras, y que hay diferentes colores dentro de esta área muy en sombra. Cuando pinto líneas rectas, como las columnas que soportan los arcos, me resulta más fácil pintar de izquierda a derecha que verticalmente, de ahí que suela darle la vuelta al tablero de dibujo. Empiece indicando la textura en la piedra de la parte superior del primer arco. No intente describir cada una de las piedras individuales, antes concéntrese en establecer el diseño general.

12 La pintura estaba entonces casi llegando a su fin, así que pasé cierto tiempo evaluando si los valores tonales eran correctos. Intensifiqué un poco el azul del cielo. También decidí que las piedras más claras se veían demasiado brillantes y que hacía falta darle un poco más de calidez a la imagen entera, de modo que apliqué una aguada muy pálida de *gamboge* sobre la totalidad del cuadro. Si le preocupa la posibilidad de que esta aguada modifique excesivamente el azul del cielo, pruébela sobre una pequeña área que quede fuera del cuadro. Una vez haya aplicado una aguada general, podrá añadir más pigmento en zonas concretas si lo juzga necesario.

14 Con la misma mezcla que en el paso 12, pinte más detalles en las columnas del lado izquierdo. Cuando estén secos, quizás tenga que oscurecer el lado izquierdo de la pintura con una aguada muy pálida del color de las piedras.

13 Prepare un poco de color para las piedras oscuras mezclando tierra sombra natural con negro lámpara. Con un pincel redondo fino, pinte más detalles en la parte superior del primer arco, dando pinceladas horizontales y cortas para establecer el dibujo general de la obra de piedra. Utilice la misma mezcla para la superficie en sombra del suelo, pero añada un poco de índigo para pintar con un color algo más frío en el lado derecho (la tierra sombra natural y el índigo dan cierta variación de color; el negro puro se vería realmente demasiado denso). Pinte las colinas y los árboles que se ven a través de los arcos.

15 Llegados a este punto, deberá interpretar la escena y decidir qué funciona mejor visualmente, en vez de copiar todo lo que ve. Así, por ejemplo, aunque yo no podía ver prácticamente detalle alguno en la zona oscura de la base del cuadro, si la hubiese pintado tal como la veía, el resultado habría sido demasiado denso, y por eso decidí dejar cierta variación tonal. Empleando las mismas mezclas que antes, oscurecí los tonos en varias partes de la imagen para que las áreas más claras se destacaran con más claridad.

Paisaje urbano moderno

Una composición fuerte con exagerados contrastes de tonos, colores y estilos arquitectónicos puede convertir un tema inicialmente poco atractivo en una pintura espectacular.

VÉANSE TAMBIÉN:

- Superposición de colores, pág. 30
- Pintar a partir de fotografías, pág. 142

Para muchas personas, las líneas duras y los acristalados muros cortina típicos de muchos edificios modernos de las grandes ciudades pueden no parecer al principio unos temas muy tentadores para una pintura a la acuarela, pero creo que las casitas de campo con el techo de paja y las casas de tablas de chilla y con cercados de estacas no tienen por qué tener el monopolio de lo pintoresco. La mayoría de las ciudades han evolucionado adquiriendo una rica mezcla de estilos y períodos arquitectónicos. Habrá vistas como esta de la imagen, en que una fachada de ladrillo con decorativas representaciones coincide junto a una intransigente losa de hormigón blanco tachonada por líneas de angulosas ventanas. Es posible encontrar un dibujo en sus siluetas, que se destacan contra el cielo; en este caso, un azul que se intensifica por el contraste con el blanco iluminado por el sol del rascacielos.

LA ESCENA ORIGINAL

Cuando uno contempla edificios altos, éstos adquieren una perspectiva tal que sus elementos parecen converger hacia arriba. Cuanto más cerca se encuentre del edificio, más extremo será este efecto: mire el mismo edificio desde lejos y las líneas erectas se acercarán bastante más a la vertical. Para esta pintura, decidí «corregir» la perspectiva haciendo más vertical la fachada del edificio de la derecha y probé varias versiones en mi ordenador hasta que obtuve algo que me gustaba.

Materiales

Papel de acuarela prensado en frío
   de 185 g/m², pretensado
Lápiz HB
Pinturas de acuarela: azul de cobalto, azul
   ultramar, negro lámpara, índigo, tierra
   sombra natural, magenta, tierra de Siena
   tostada, naranja de cadmio, azul cerúleo
Pinceles: grande para aguadas, chino
   mediano, redondo de punta fina

1 Con el lápiz HB, esboce la escena. Aunque por lo general utilizo un lápiz 2B para los dibujos, aquí preferí que las líneas fueran un poco más duras y afiladas para adecuarme a las líneas concisas del tema. No es necesario que dibuje cada una de las hileras de ladrillos, basta con indicarlas de un modo general.

2 Prepare una generosa aguada de azul de cobalto mezclado con un poco de azul ultramar. El intenso color del cielo es la clave de esta imagen, pero no podrá conseguir este tono con una única capa. Con mucho cuidado de no tocar al edificio blanco, pinte el cielo visible entre los edificios. Use el mismo color sobre las áreas oscuras que se destacan como siluetas; no importa si se secan de un modo no uniforme, ya que las recubrirá más tarde, pero intente mantener el color del cielo tan plano como sea posible. Deje secar.

3 Con un pincel de punta fina, aplique una aguada de tonalidad media de negro lámpara sobre las escaleras de incendios, ya que los trazos del lápiz no serán visibles una vez haya aplicado las siguientes aguadas. No prepare la pintura demasiado espesa, ya que de lo contrario podría arrancarse al aplicar la siguiente aguada. Deje secar.

4 Aplique una aguada de azul ultramar puro sobre la primera aguada azul (añadí una tercera para conseguir el tono apropiado). Deje secar. Prepare una intensa aguada de negro lámpara y con un pincel grande para aguadas, aplíquela sobre la superficie que aparece en silueta. Deje gotear índigo y tierra sombra natural en húmedo sobre húmedo. Añada sombra natural al negro y pinte la superficie negra del edificio a la derecha. Pinte la ventana de la parte inferior derecha y las zonas oscuras de los edificios de ladrillo.

5 Prepare un gris cálido y pálido con negro lámpara y magenta. Con un pincel chino mediano, introduzca el edificio que está delante del rascacielos blanco, dejando contornos blancos en torno a las ventanas. Prepare tres aguadas para el edificio de ladrillo: un marrón cálido (tierra de Siena tostada/negro lámpara), una mezcla más rojiza (tierra de Siena tostada/magenta) y un marrón anaranjado (tierra de Siena tostada/naranja de cadmio). Aplíquelas sobre los ladrillos pardos para crear variaciones tonales.

6 Prepare un gris muy pálido con negro lámpara y un poco de magenta, y aplíquelo sobre la porción de colores claros del edificio de la derecha. Para ello puede utilizar incluso las yemas de sus dedos, con las que se consigue más textura que con el pincel. Continúe introduciendo colores en el edificio, como en el paso 5, dando pinceladas lineales para sugerir el dibujo de los ladrillos, sin intentar pintar cada una de las hileras. Refuerce las escaleras de incendios con negro lámpara.

7 Alternando entre el color del cielo y un negro lámpara pálido, pinte los colores oscuros de las ventanas del edificio más oscuro de la izquierda. Procure que el color siga una pauta abstracta; la elección y ubicación de los colores es libre.

8 Prepare una aguada muy pálida de azul con los azules cobalto y cerúleo, y aplíquela sobre el rascacielos blanco. Con un azul grisáceo pálido y un pincel de punta fina, introduzca los detalles de los estucos en el edificio de la derecha.

9 Prepare una versión más oscura del azul ultramar color de cielo y, con un pincel fino, pinte con esmero las líneas horizontales de las ventanas del rascacielos blanco.

10 Con varias mezclas de tierra de Siena tostada y negro lámpara, empiece a introducir algo de textura y detalles en el enladrillado del edificio de la derecha (las indicaciones generales del dibujo son suficientes). Prepare un gris azulado mezclando negro lámpara con un poco de azul ultramar y pinte los alféizares de las ventanas de los edificios a la derecha.

11 Con los mismos colores que antes, refuerce las oscuras hojas de vidrio del edificio a la derecha. Con la mezcla de negro lámpara y tierra sombra natural del paso 4, introduzca más detalles en el enladrillado. Prepare un marrón purpúreo con magenta, tierra de Siena tostada y azul ultramar, y con un pincel mediano redondo pase pinceladas sueltas sobre los edificios que aparecen en silueta a la derecha.

Interiores en líneas y aguadas

Como puede ver en la fotografía de esta biblioteca privada, la iluminación en algunas superficies está bastante suavizada. Aunque el efecto es agradable, me pareció que era mejor emplear un método que diera un aspecto más ligero y fresco.

VÉANSE TAMBIÉN:

- Lápices y plumas, pág. 22
- Dibujo y pintura combinados, pág. 52

El método ideal para este complejo tema consiste en dibujar en primer lugar todos los detalles con líneas y añadir luego el color. Para evitar que las líneas se escurran al aplicar las aguadas, utilice tintas impermeables. Si al aplicar las aguadas, éstas parecen dominar el trabajo de líneas, puede volver a emplear la pluma y la tinta para fortalecer más el trabajo y crear así el aspecto de un dibujo de líneas al que se han añadido aguadas. Aunque puede usar pluma y tinta negra, resulta bastante menos arriesgado diluir la tinta con agua en las primeras fases e introducir asimismo algunas tintas de colores. Los colores como el amarillo, que son de tono claro, pueden diluirse aún más, ya que las líneas en perspectiva, los puntos de fuga y otros elementos estructurales quedarán ocultos al aplicar las aguadas.

Materiales

Papel de acuarela rugoso de 300 g/m², pretensado
Pluma con plumilla mediana
Tintas impermeables: negra, amarilla, bermellón, verde, azul ultramar, sepia
Pinturas de acuarela: tierra de Siena natural, tierra sombra natural, negro lámpara, naranja de cadmio, *gamboge*, verde esmeralda, azul cerúleo, amarillo de cadmio, sepia, azul ultramar, bermellón
Pinceles: chino mediano, redondo mediano

La escena

Esta vista es lo suficientemente próxima como para tener un solo punto de fuga, si se siguen las líneas de las estanterías y se observa dónde interseccionan, puede determinarse dicho punto de fuga. Asegúrese de que todos los estantes horizontales, alféizares de ventanas y demás fugan realmente hacia este punto.

1 Moje su pluma en las tintas impermeables negra y amarilla para obtener un gris verdoso y esboce las líneas principales, ignorando todos los detalles decorativos, tales como la drácena del primer término. Utilice rayas claras y cortas en vez de líneas seguidas, ya que esto le permitirá indicar dónde se encuentran las cosas sin comprometerse de un modo irrevocable.

2 Una vez la estructura entera esté correcta, puede empezar a introducir más detalles, usando una tinta con algo menos de agua. Introduzca también algo de color como guía para saber dónde irán luego las aguadas: tinta bermellón para el borde del sofá y los libros rojos situados encima de la puerta, y verde para la caja situada sobre el escritorio. Algunas áreas son tan oscuras que apenas contienen color; márquelas con puntos, señales o (como aquí) pequeñas cruces para ayudarle a identificar más tarde los tonos de las aguadas.

3 A continuación, dibuje las plantas del primer término. En vez de dibujar cada una de las hojas de forma explícita, intente transmitir la sensación de que todas las hojas se extienden hacia fuera desde un tallo central. Yo utilicé tinta verde para la drácena y una versión más aguada con un poco de amarillo para las cintas de la derecha, ya que si se dibuja con colores que se aproximan a la coloración real del modelo es más fácil identificar los diferentes elementos de la escena.

4 Empiece añadiendo los modelos que se sitúan detrás de las plantas, tales como las estanterías (dibujadas con tinta negra sin diluir) y el cojín de color rosa del sofá (dibujado con una mezcla de bermellón y tinta amarilla). Mire si destaca algún bloque de color, como por ejemplo los dos o tres libros rojos juntos: entorne los ojos, ya que así le será más fácil ver los patrones de distribución del color. Refuerce la estructura del techo con tinta sepia para las vigas y negro para los tirantes de acero.

5 Con los mismos colores que antes, continúe reforzando la estructura del tejado y los patrones de distribución del color a lo ancho de la escena. Cuando tenga un color en la tinta, mire dónde más puede usarlo: aquí, por ejemplo, utilicé azul ultramar para el cojín del sofá y el dibujo almenado junto al borde de la alfombra, y luego añadí negro para algunos de los libros de color más oscuro. Asimismo, empleé bermellón para las áreas rojas de la alfombra, apagando el color en las zonas sombreadas mediante la adición de sepia.

6 Prepare una aguada acuosa y de tono medio con las pinturas de acuarela tierra de Siena natural, tierra sombra natural y negro lámpara. Trabajando con cuidado en torno a las ventanas, que son los toques de luz más brillantes, aplique esta aguada (es muy pálida, ya que tiene como propósito unificar el cuadro) sobre las vigas del techo. Deje secar. Mezcle las pinturas de acuarela tierra de Siena natural, naranja de cadmio y un poco de *gamboge*, y pinte los anaqueles de libros de la izquierda y el respaldo del sillón orejero del primer término. Deje secar.

7 Cambie ahora a un pincel redondo mediano. Prepare un verde pálido con acuarelas verde esmeralda y azul cerúleo, y pinte todas las hojas de la drácena. Añada amarillo de cadmio y pinte las hojas de colores más claros del lado izquierdo. Deje secar. Prepare un marrón oscuro con acuarelas sepia y azul ultramar, y pinte los lados del escritorio, el respaldo de la silla frente al escritorio y el resto de áreas oscuras.

8 Prepare un marrón intenso con acuarelas sepia y tierra de Siena natural, y pinte con este color las vigas transversales, añadiendo más siena natural hacia el lado derecho, donde el color es más cálido. Mientras la pintura está todavía húmeda, añada un poco de negro a la mezcla y deje gotearla sobre las vigas transversales para imitar los nudos de la madera. Mezcle las acuarelas sepia, tierra de Siena natural y azul ultramar, y pinte con esmero el tono oscuro detrás de la drácena, así como el lado y el respaldo del sofá orejero en primer término.

9 Con una fuerte pintura de acuarela azul ultramar, pinte los cojines del sofá con cuidado de pintar en torno a las frondas de la drácena. Mezcle las acuarelas azul ultramar, verde esmeralda y sepia para obtener un verde oscuro e intenso, y utilice esta mezcla para las hojas de la drácena de color verde más oscuro, así como algunas de las áreas oscuras que hay detrás. Pinte el respaldo del sillón orejero con una mezcla de tierra de Siena natural, bermellón y azul utramar.

Hacer inventario

Llegados a este punto, necesitará evaluar continuamente los valores tonales para conseguir transmitir la sensación de luz y de sombra correcta. Perfile los contrastes de tono en todo el cuadro.

Oscurezca las vigas con azul ultramar, de forma que la luz que entra por el tragaluz se vea realmente brillante

Intensifique los colores de los anaqueles pintándolos con naranja de cadmio

La alfombra está aquí en la sombra, de modo que los colores tienen que ser más apagados que los del otro lado de la silla. Añada un poco de azul ultramar al rojo

10 Aplique una aguada muy pálida y acuosa de azul ultramar y tierra de Siena natural sobre el lado izquierdo de la pintura, de forma que toda esta zona se vea en la sombra. Emplee una versión más diluida de la misma mezcla para los bloques de color oscuro marcados con cruces en el paso 2. Siga perfilando el patrón caleidoscópico de colores en los lomos de los libros y de la alfombra, cuidando de no tocar ninguna pintura que esté aún húmeda. Pinte la pantalla de la lámpara con un amarillo brillante y puro para que destaque con claridad.

11 Llegados a este punto, los tonos deberían acercarse a su verdadera densidad. Pase el pincel con una mezcla de azul ultramar y tierra de Siena natural sobre las vigas más oscuras, añadiendo negro para el tirante de acero. Allí donde sea necesario, oscurezca los tonos con una mezcla de azul ultramar y tierra sombra natural. Atenúe con sepia las zonas con toques de luz muy brillantes, como por ejemplo la parte superior del sofá.

12 Continúe añadiendo colores a los lomos de los libros. No intente pintar cada uno de ellos, sino más bien transmitir la sensación general. Intensifique los colores allí donde sea necesario: en este caso, añada naranja de cadmio a los estantes y oscurezca las hojas y las sombras con verde esmeralda. También pinte nudos en las vigas del techo con una mezcla de sepia, tierra sombra natural y azul ultramar (*véase* extremo derecha).

13 Por último, utilice la pluma de plumilla y una mezcla de tintas sepia y negra para dar algunos detalles y textura a las vigas del techo, así como para definir los contornos.

PERSONAS

Retrato de cabeza y hombros

VÉASE TAMBIÉN:
- Aprender a ver los tonos, pág. 34

Es probable que el tema que exige una mayor dosis de esmero y atención en el dibujo sea la cabeza y el rostro humanos. Una manera de asegurar el éxito es hacer un detallado dibujo preliminar a lápiz.

Materiales

Lápiz B o HB
Papel de acuarela rugoso de 185 g/m², pretensado
Pinturas de acuarela: naranja de cadmio, tierra de Siena natural, amarillo de cadmio, azul cobalto, negro lámpara, amarillo limón, tierra de Siena tostada, tierra sombra tostada, bermellón, carmín, azul ultramar o violeta, *gamboge*, tierra sombra natural
Pinceles: medio para aguadas, chino mediano, chino pequeño

Para captar un parecido es preciso situar con gran precisión los rasgos faciales. La forma de cada rasgo individual debe ser asimismo correcta, pero a menos que todos estén situados en la relación adecuada entre sí, el parecido nunca será realmente convincente. Por ello mismo, mire las formas entre los rasgos faciales e intente captar la estructura craneal subyacente.

Sea consciente del ángulo entre la frente y la cara y de cómo la nariz sobresale de ésta. Preste especial atención a la posición de la oreja: cuán lejos está del ojo más próximo y cuánta extensión de cabeza hay detrás de ella. Casi siempre hay más cabeza con respecto a la cara que lo que uno piensa inicialmente. Es importante identificar los huesos de las mejillas y los de debajo de los ojos, ya que definen el cambio principal entre el lado y la parte frontal del rostro. Mire el espacio entre los ojos e intente captar la forma del triángulo invertido formado por los trazos de unión entre los centros de los ojos y el de la boca; me parece que ésta es una buena forma de definir la forma general de una cara.

Tradicionalmente, la mayoría de los retratos incluyen la cabeza y los hombros. El principal interés es siempre la cabeza y la cara; la primera parecería muy extraña sola, sin el cuello y sin alguna sugerencia de los hombros sobre los que descansa este último.

La vista ladeada a tres cuartos suele ser también bastante común. La prefiero al perfil o a la vista completamente de cara porque da más información sobre la persona que el perfil solo; además, al ver algunos de los planos laterales, tendrá más probabilidades de representar parte de la estructura de la cabeza y la forma de la nariz.

1 Primero haga un dibujo cuidadoso en un papel de bocetos. Puede emplear cualquier método –dividir en cuadrículas, hacer una fotografía o incluso la observación–, siempre que sitúe los rasgos con precisión.

2 Prepare una aguada muy pálida de naranja de cadmio y, con un pincel mediano para aguadas, apliquéla sobre toda el área facial, dejando sin tocar los toques de luz obvios en las mejillas y en la punta de la nariz, así como la boca.

3 Prepare una aguada marrón muy pálida con tierra de Siena natural y amarillo de cadmio, y aplíquela sobre el pelo con un pincel mediano para aguadas. Representará el tono más claro del cabello.

4 Mezcle azul de cobalto con negro lámpara y pinte los iris, añadiendo amarillo limón en el centro mientras está todavía húmedo y dejando blancos los toques de luz. Mientras se están secando los ojos, añada más tono a la cara usando varias mezclas de tierra de Siena tostada y naranja de cadmio. Intente averiguar dónde se dan los principales cambios de plano en la cara y en el cuello. En esta fase, la nariz ya tiene que levantarse del plano de la cara con el ángulo correcto. Mire los contornos del área tonal en el lado de la nariz y también debajo de ésta. Los tonos de las narices son, por lo general, bastante cálidos.

5 El orden no es crítico, pero trabaje de una manera que minimice el riesgo de poner la mano en una aguada húmeda o de dejar que ésta se escurra dentro de otra. Prepare un gris pálido mezclando azul de cobalto con un atisbo de negro lámpara y aplíquelo a los párpados. Pinte la pupila con un pincel de punta fina, dejando blanco el toque de luz. Añada algunas sombras debajo del cabello, usando aguadas preparadas con distintas cantidades de tierra sombra tostada y tierra de Siena natural. Pinte los labios con una mezcla de bermellón y carmín.

6 Con los mismos colores de piel que empleó antes, perfile el tono en la parte sombreada de la nariz y en torno a la órbita ocular. Fíjese cómo el retrato está empezando a cobrar una forma tridimensional. Con un pincel redondo de punta fina, pinte las pestañas con un negro de lámpara diluido y las cejas, con tierra de Siena tostada reforzada con un poco de negro. Los tonos secundarios de rojo rosáceo (bermellón pálido mezclado con carmín, con predominio de este último) empiezan a solidificar el labio inferior.

7 Continúe el modelado de las mejillas, la frente y la nariz empleando tonos cálidos de bermellón y tierra de Siena natural en las mejillas pero añadiendo pequeñas cantidades de azul de cobalto para los tonos más fríos en torno a la mandíbula. Los colores de la piel de la chica son, por lo general, cálidos (bronceados por el sol), pero las sombras son un poco más frías. Prepare una aguada de tono medio con azul de cobalto y, con un pincel redondo mediano, aplique la primera aguada a la chaqueta. Deje secar. El matiz purpúreo en el interior del cuello de la chaqueta puede obtenerse mezclando o bien violeta con negro, o bien ultramar con un poco de negro y carmín.

8 Pinte la camiseta con una aguada plana de negro lámpara y aplique una segunda capa de azul ultramar a las áreas sombreadas y pliegues de la chaqueta, de forma que empiece a verse el modo en que la tela se pliega encima del cuerpo. Aplique las primeras mezclas brillantes de carmín, bermellón y *gamboge* al fondo.

9 Pinte los tonos intermedios del cabello usando distintas mezclas de tierra de Siena natural, tierra sombra natural y tierra de Siena tostada. Observe cómo la aguada pálida original de siena natural y amarillo de cadmio encuentra ahora su plena justificación al formar los toques de luz.

10 Complete los colores del fondo. Los más claros del lado derecho quedarán levemente sombreados al aplicarles una aguada de negro lámpara y tierra sombra natural, lo que hará destacar al mismo tiempo el borde más claro del cabello.

11 El cuadro está casi llegando a su fin. Pinte los detalles de la chaqueta con un pincel de punta fina y azul ultramar, pintando con cuidado alrededor y detrás de los mechones de pelo que cuelgan sobre los hombros de la chica. Unos pocos puntos de mezclas de azul de cobalto y negro lámpara que dejen toques de luz blancos son suficientes para reproducir el collar.

12 A continuación, aplique las sombras más oscuras a la cara y al cuello, empleando los mismos colores de piel que antes. Tenga la valentía de situar estas zonas con audacia. Si el cambio es demasiado brusco, utilice un tono intermedio cuando estén secas; con ello obtendrá un efecto más vigoroso que con una suave gradación. Por último, oscurezca un poco los bordes de los iris, baje un poco el tono del toque de luz en la mejilla izquierda y dé más definición al borde extremo de la mandíbula. Cuide de no dejar que los acentos como éste se vuelvan demasiado oscuros y se vean muertos; para esta línea de la mandíbula, utilice tierra de Siena tostada pura.

Retrato de grupo

VÉANSE TAMBIÉN:

- Aprender a ver los tonos, pág. 34
- Crear un efecto tridimensional con los tonos, pág. 36
- Equlibrio, pág. 50

Este proyecto consiste en pintar un retrato en esbozo. En este caso se trata de un grupo de dos personas, pero los mismos principios son válidos tanto para una figura única como para un grupo. Es, asimismo, un modo más espontáneo de enfocar una pintura.

Debería decir ahora que este proyecto y el anterior representan tan sólo la punta del iceberg por lo que respecta al arte del retrato. De hecho, haría falta un libro entero sobre el tema para hacerle justicia. Por lo demás, la acuarela no es el método que se emplea más comúnmente para los retratos normales; la pintura al óleo es la técnica favorita para ello, sobre todo para las obras a gran escala. Sin embargo, para sacar provecho de un tema fortuito como el de estos dos jóvenes que se relajan en un sofá, el lápiz y la acuarela son ideales, y el hecho de que estén prestando una atención tal a la televisión brinda la ventaja adicional de que permanecen relativamente inmóviles.

Por supuesto, ello no evita que tenga que pensar en la composición y, en este caso, esto supone sobre todo decidir qué parte de las figuras hay que incluir. Si incluyera la parte inferior de las piernas y los pies, situaría las cabezas demasiado a la derecha; pero si quiere expresar la relajación de sus posturas, tendrá que incluir tan sólo la cabeza.

Si elige dibujar parte del fondo, pero no todo, tendrá la oportunidad de manipular la composición de forma que las cabezas se erijan en el centro de interés.

Por lo que respecta al método, aunque aquí pueda parecer que el dibujo y la aplicación del color se sigan el uno al otro en una secuencia aparentemente al azar, de lo que se trata realmente es de trazar líneas y aplicar aguadas cuando sienta la necesidad de hacerlo.

Materiales

Papel de acuarela rugoso de 185 g/m², pretensado
Lápiz 2B
Pinturas de acuarela: rojo de cadmio, tierra de Siena natural, negro lámpara, tierra de Siena tostada, verde de ftalocianina, naranja de cadmio, tierra sombra natural, azul ultramar, azul de ftalocianina
Pinceles: redondo grande, redondo mediano

1 Las líneas más importantes en una primera fase fueron los dos perfiles, seguidos de unas sugerencias bastante aproximadas de las formas de la cabeza y de los hombros. Si se siente confiado, utilice un lápiz 2B, tal como hice yo; de lo contrario, elija una dureza mayor, como un HB, que no obliga a realizar toques tan delicados. En esta fase ya incluí algunas pálidas aguadas: mezclas de rojo de cadmio y tierra de Siena natural para las primeras indicaciones de sombras faciales, tierra de Siena natural para el pelo de la chica, y tierra de Siena natural más un poco de negro lámpara para la cabeza del chico.

2 A continuación, recurrí de nuevo al dibujo a lápiz para establecer las proporciones de los torsos y brazos, así como algunos detalles del cuello de la chica y de las letras de la camiseta del chico. También incluí algunas líneas para sugerir el respaldo del sofá.

3 Una vez estuve satisfecho con la disposición, apliqué la primera aguada negra en la camiseta del chico para definir la línea del perfil de la chica. A continuación, pinté las principales formas de su cabello con mezclas de tierra de Siena natural, negro lámpara y un poco de tierra de Siena tostada. Asimismo, utilicé varios verdes oliváceos con mezclas de verde de ftalocianina, naranja de cadmio y negro lámpara para definir la forma de los brazos y el torso.

4 A continuación, centré mi atención en la cabeza masculina y usé mezclas de tierra de Siena natural y tostada para las sombras en torno al ojo, la nariz y la boca, con pequeñas adiciones de rojo de cadmio para la boca y las mejillas. Al añadir un poco de sombra natural a la mezcla, obtuve un tono algo más frío allí donde lo necesité, como por ejemplo, en el cuello.

5 Utilicé más negro lámpara con una mancha de azul ultramar en la camiseta del chico, lo que ayudó a definir la forma de su barbilla. Mezclé tierra sombra natural y negro lámpara para representar el tono más claro del pelo, casi negro. También pinté el brazo del sofá en tierra de Siena tostada, cuidando de no dejar que dominara la imagen para que la atención se centrara en las dos figuras.

6 Siguiendo el principio mencionado en la introducción de dejar que las líneas y los tonos avancen conjuntamente, empecé a dibujar la mano de la chica, más detalles en el decorativo abotonado de su rebeca, así como alguna indicación del brazo del chico.

7 El sutil verde oliva de la rebeca de la chica lo obtuve con una mezcla de verde de ftalocianina y naranja de cadmio aplicada con un pincel algo mayor. Cuando este color estuvo seco, pinté las áreas en sombra con una mezcla más vigorosa de los mismos colores, a la que había añadido un poco de negro. Note cómo las pinceladas en el ángulo de la manga describen los pliegues y definen la forma. A continuación, decidí aumentar la extensión del color hasta los muslos de ambos enfundados con tejanos, que pinté con una amplia aguada de azul de ftalocianina.

8 Con el mismo pincel mediano (apenas hace falta más de un pincel, siempre que éste combine una buena capacidad para aplicar aguadas con una punta razonablemente fina), pinté el área en sombra de la cara de la chica utilizando varias mezclas de naranja de cadmio, rojo de cadmio y tierra de Siena natural.

9 Con colores similares a los de la cara de la chica pero con un poco más de rojo para darles algo más de calidez, completé las áreas en sombra de la cara del chico. El cojín azul oscuro y rojo situado detrás de la cabeza sirvió para definir el perfil, que tenía que pintarse con sumo cuidado ya que no era posible hacer corrección alguna sin recurrir al *gouache*. Pinté el cabello del chico con una mezcla similar de negro lámpara y un poco de azul ultramar. Entonces, hice una pausa para considerar si la pintura, como el esbozo a la acuarela que era, había llegado tan lejos como deseaba.

10 Consideré que valía la pena realizar dos fases más. Así, añadí los tonos de sombra de los vaqueros con una mezcla de azul de ftalocianina y negro lámpara. Unas pocas pinceladas sueltas de tierra de Siena tostada y negro lámpara en el brazo del sofá dieron cierto contexto al esbozo.

11 Para completar la pintura, dibujé y pinté el brazo izquierdo del chico (en torno a los hombros de ella) e indiqué el respaldo del sofá para dar a las figuras un soporte creíble. Una nota de tierra de Siena natural pálido junto a la cabeza del chico insinúa otros elementos del entorno y una nota de color muy pálido de azul de ftalocianina modifica el blanco reluciente del dibujo de la camiseta.

Pintar a partir de fotografías

Interpretar la escena

En algunos aspectos, es en realidad más difícil hacer una pintura interesante a partir de una fotografía que observar e interpretar el tema real. Tendrá que ser capaz de pintar sin fotografías antes de poder utilizarlas como una fuente de referencia útil sin copiarla servilmente.

VÉASE TAMBIÉN:
- Paisaje urbano moderno, pág. 126

Tan pronto como se inventó la fotografía, los pintores empezaron a hacer uso de ella. Así, por ejemplo, los modelos que se mueven con rapidez no pueden observarse, y menos aún capturarse, sin la ayuda de una cámara a menos que tenga una visión y una memoria fotográfica fenomenales. La observación de temas complejos en condiciones que no permiten un prolongado estudio se vuelve posible gracias a una fotografía o dos que complementen su memoria y los esbozos que haya hecho.

La importancia de ser capaz de arreglárselas sin fotografías reside en que la observación directa le obliga a seleccionar e interpretar; si puede hacerlo, entonces con una fotografía delante sabrá cómo seleccionar lo que es importante y significativo para usted.

El truco consiste en entrenarse a observar las fotografías con mucho detenimiento y decidir cómo quiere interpretar la escena, sin preocuparse demasiado sobre el grado de similitud entre su pintura y la imagen de referencia: lo que cuenta realmente es lo que hace con la fotografía.

Me interesó la perspectiva convergente de todos estos mástiles y la manera en que apuntan hacia el paisaje iluminado por el sol. La fotografía me dio la información que necesitaba sobre el exterior con luz brillante.

Hice esta segunda fotografía para obtener más información sobre el interior del cobertizo con mástiles.

ESBOZOS DE FIGURAS

Necesitaba a alguien que trabajase a un nivel similar que los mástiles apoyados contra la pared. Esta figura recibía la luz desde delante y, para ponerla en una situación iluminada por detrás, me limité a darle un tono general más oscuro.

COMPOSICIÓN 1 (BAJO ESTAS LÍNEAS)

Los mástiles y los largos tablones de madera, que convergían todos ellos hacia el mismo punto, creaban composiciones convincentes. Empecé haciendo esta composición en boceto mirando dentro del cobertizo de los mástiles, pero el fondo del esbozo carecía de interés.

El objetivo de esta composición consiste en mostrarle cómo emprender la interpretación de una escena concreta. Por ello, no he sido muy preciso a la hora de detallar cada fase o los materiales empleados, sino que más bien he intentado explicar el proceso mental que seguí para que pueda intentar enfoques similares con sus fotografías. Lo más importante al pintar a partir de fotografías es interpretar y decidir qué sentimiento pretende transmitir, en vez de seguir servilmente el material de referencia.

COMPOSICIÓN 2

Esta composición en boceto, realizada con pasteles solubles al agua, mira hacia fuera del cobertizo de mástiles e incluye un mástil recién barnizado que domina el primer término. Añadí una figura de mi cuaderno de bocetos para dar mayor interés al término intermedio.

1 Tomando como base la primera fotografía de referencia, empecé dibujando la vista que se ve a través de la puerta abierta del cobertizo. El tablero acrílico es muy rugoso, de forma que los trazos siempre se ven dos o tres grados menos duros de lo que realmente son, de ahí que empleara un lápiz 6H para poder hacer marcas razonablemente nítidas. La exposición de la fotografía se ajustó para captar la vista a través de la puerta abierta, de forma que una gran parte del interior del cobertizo queda oscuro y tan sólo se ven unos pocos detalles.

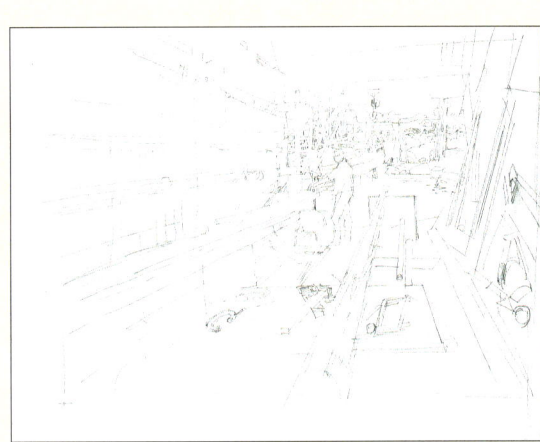

2 A continuación, empecé a perfilar los modelos del interior del cobertizo, como por ejemplo las herramientas y las líneas de madera. Para ello, utilicé una fotografía para captar los detalles de las sombras, de ahí que la vista a través de la puerta esté aquí sobreexpuesta y quemada. Para dar mayor interés a la composición, introduje la figura del hombre que trabaja en un mástil. Cuando incorpore una figura de otro lugar, recuerde que la iluminación deberá adecuarse al entorno: aquí, tenía que representarse oscura contra la luz, aunque el dibujo se hizo con una figura que recibía la luz por delante.

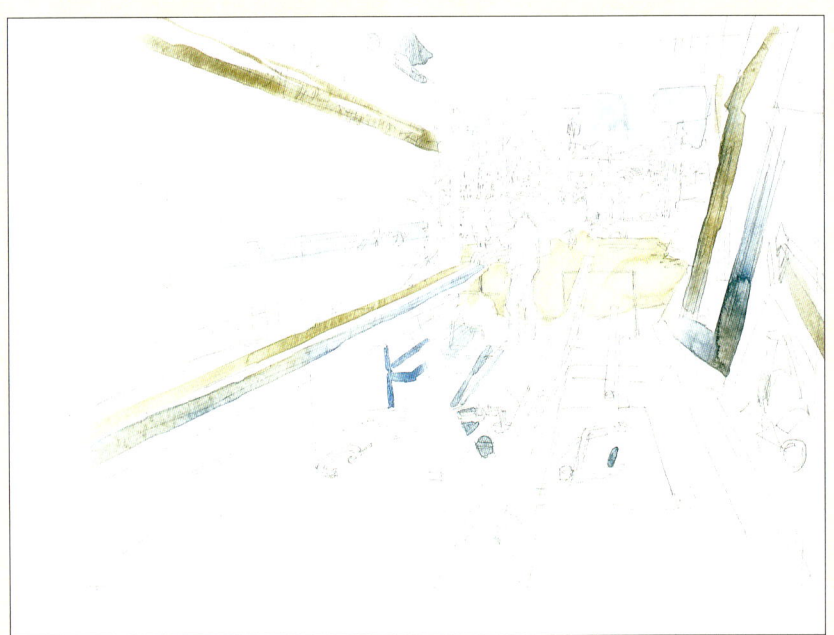

3 Utilicé una aguada de tono medio de azul cerúleo (ligeramente más intenso que en la foto) para el cielo y una mezcla muy pálida de tierra de Siena natural y *gamboge* para el suelo iluminado por el sol. Era importante mantener esta área muy clara, ya que me pareció que el contraste entre el interior oscuro y el brillante paisaje del interior era la clave del cuadro entero. También empecé a introducir algo de color en el interior, usando varias mezclas de azul de cobalto y azul de ftalocianina allí donde la madera barnizada reflejaba el cielo de fuera del cobertizo, y dejé gotear ocasionalmente tierra de Siena natural para la madera situada en la parte sombreada del cobertizo.

4 Trabajando todavía en la vista a través de la puerta, establecí los colores del follaje con verdes obtenidos por mezcla de amarillo limón con una cantidad diminuta de azul de ftalocianina. Cuando los colores aplicados en el paso 3 estuvieron bien secos, pinté algunos de los tonos oscuros en torno a la puerta con una vigorosa mezcla de azul ultramar y tierra sombra natural en la que había goteado tierra de Siena natural en húmedo sobre húmedo para dar mayor interés a los tonos. A menos que desee que los colores se escurran y entremezclen, tendrá que ir con cuidado al aplicar aguadas a los contornos de las anteriores sobre una base preparada de acrílico. Incluso si la primera aguada está seca, todavía puede escurrirse.

5 El mástil central, recién barnizado, era un elemento vital en la composición, con uno de sus extremos reflejando el azul del cielo y el otro el interior oscuro del cobertizo. Tras delinear con bastante nitidez estos reflejos, empecé a trabajar en algunas de las áreas más oscuras del interior del cobertizo con varios grises azulados obtenidos con azul ultramar y adiciones de negro lámpara y tierra sombra natural. No siga la fotografía servilmente; ajuste los colores de su paleta variando las proporciones de los pigmentos en las mezclas y tornándolas más cálidas o más frías según convenga, dependiendo de cómo quiera interpretar la escena. La pared de la izquierda, por ejemplo, es notablemente más cálida, así que añadí algo de tierra de Siena tostada a las aguadas.

6 Continué trabajando en el interior del cobertizo, buscando los dibujos creados por las luces y las sombras. La exactitud de los colores en una escena muy contrastada como ésta no es un aspecto crítico; el objetivo es conseguir un buen equilibrio entre las zonas claras y las oscuras. Yo utilicé varias mezclas de los colores de madera empleados en las primeras fases, con algo de tierra de Siena tostada, confiando en mi intuición e intentando perfilar un patrón convincente de colores en lugar de igualar la fotografía con exactitud.

7 Trabajé algo más el paisaje soleado visible a través de la puerta. Sería fácil introducir aquí muchos detalles, ya que la fotografía de referencia de esta zona es relativamente nítida, pero como quería conservar la impresión de deslumbrante luz solar en contraste con el oscuro interior de cobertizo, hice un esfuerzo consciente para simplificar el paisaje y reduje el número de cambios tonales al tiempo que intensificaba los cambios de color.

8 Acto seguido, pinté la figura con azul de phtalocianina para la chaqueta y los tejanos. Mientras se secaba la figura, añadí más detalles a los mástiles colgados de la pared con las mezclas anteriores de azul ultramar y tierra sombra natural para indicar allí donde el cielo se reflejaba en el barniz. También pinté algunas rayas oscuras de negro lámpara para representar los espacios sumidos en la sombra entre las hileras de mástiles, y empleé una mezcla de azul y negro para el marco en torno a la puerta.

9 Con una mezcla de azul ultramar y negro lámpara, pinté el dibujo de cuadros escoceses de la chaqueta y algunos de los pliegues del vaquero. La pintura estaba entonces casi llegando a su fin, y pinté el suelo del primer término con los mismos colores de madera oscura que antes. Esta zona oscura a cada lado del mástil central ayuda a conducir el ojo a lo largo del mástil hasta el brillante paisaje soleado del exterior. Llegados a este punto, estuve buscando los sutiles detalles que ayudan a dar unidad a la escena, como el caballete que soporta el mástil central.

10 Con varias mezclas de azul y marrón, intensifiqué los colores y cubrí todos los blancos expuestos a la vista del interior. Durante toda la pintura, estuve interpretando la escena, así como buscando formas y patrones de distribución del color en vez de copiar la fotografía con precisión. Quería que la escena se mantuviera libre y suelta y así, mediante pinceladas sueltas, esbocé varias formas encima de la mesa para sugerir las herramientas y demás parafernalia.

11 Me pareció que algunas áreas (sobre todo en el lado izquierdo del cobertizo) eran demasiado claras con respecto al resto, de modo que apliqué una fina aguada de azul de cobalto mezclado con negro lámpara para rebajar un poco el tono. En cualquier tipo de pintura, pero sobre todo en una como ésta, que se basa en el contraste entre luz y sombra, es esencial evaluar continuamente los valores tonales a medida que uno trabaja. Utilicé la misma mezcla para añadir unos pocos acentos oscuros, ciñéndome una vez más a las pinceladas sueltas y añadiendo lo que sentía que era necesario para la composición en lugar de copiar cada uno de los detalles de las fotografías.

12 Para las fases finales, preparé una mezcla oscura y vigorosa de azul ultramar, tierra sombra natural y negro lámpara, y oscurecí con ella el marco de la puerta. Es la fuerza del contraste entre lo oscuro y lo claro lo que hace que las áreas soleadas se vean realmente brillantes. Empleé la misma mezcla para oscurecer las áreas sombreadas de los «portamástiles».

Franquear los límites

Métodos alternativos

VÉASE TAMBIÉN:
- Tipos de máscaras, pág. 56

En la mayor parte de este libro me he concentrado en las técnicas tradicionales, en aplicar y superponer aguadas transparentes. Aunque creo que con este método se maximiza la belleza intrínseca de la acuarela, también hay otras maneras de aplicar esta técnica de una forma más experimental.

SALPICADURAS CONTROLADAS
Las salpicaduras controladas se consiguen sosteniendo un pincel que está totalmente cargado de pintura con una mano y dándole golpecitos con el índice de la otra.

SALPICADURAS AL AZAR
Si golpea suavemente el pincel cargado contra la otra mano, obtendrá como resultado unas salpicaduras bastante menos controladas.

TEXTURA OBTENIDA CON PAPEL ESTRUJADO
El papel estrujado mojado en una aguada y aplicado repetidas veces sobre la superficie del papel crea una interesante textura.

TEXTURA OBTENIDA CON TELA
Puede obtenerse un patrón de impresión diferente al presionar una tela mojada en pintura sobre la superficie del papel.

Dudo en llamar «trucos» a estos métodos y, si espera resolver la pintura tan sólo mediante la aplicación generalizada de métodos alternativos, se verá defraudado. Algunos de estos métodos se describen en las págs. 56-57 y otros se han presentado en los últimos proyectos. En estas dos páginas podrá ver una imagen de estilo abstracto que se ha perfilado mediante el uso de estos «métodos alternativos».

Las aguadas transparentes constituyen el núcleo central de lo que suele designarse como pinturas en «técnica mixta», pero se pueden introducir el *gouache*, las tintas, los pasteles solubles al agua y otros a medida que sienta que el tema lo exige.

Las texturas que no pueden resolverse fácilmente con formas generales y tonos se expresan quizás mejor con salpicaduras de color. Para confinarlas, son necesarias las reservas, que pueden hacerse con cinta de enmascarar, papel rasgado, las manos o cualquier otra cosa que se le ocurra. La máscara líquida puede aplicarse de distintas maneras, entre otras salpicándola sobre la pintura.

Si le guste el *collage*, puede enganchar papeles pintados de antemano en la superficie del cuadro o bien modificarlos luego, cuando ya estén pegados en su sitio. Asimismo, puede rascar en la pintura seca con la punta de un escalpelo, un cúter u otro instrumento afilado para eliminar líneas finas y puntos de color, lo que es útil para crear pequeños toques de luz tales como la luz solar que centellea sobre el agua. Si trabaja sobre un fondo de *gesso* (*véase* pág. 19), podrá raspar y rascar con más fuerza.

Utilice estos métodos alternativos sólo cuando le parezcan apropiados para el tema o el sentimiento que quiera transmitir. No caiga en la tentación de probar técnicas nuevas sólo por el placer de hacerlo: lo importante es el cuadro y no los métodos que emplea para producirlo.

HUELLAS DACTILARES
Si aplica color con el dedo, obtendrá una mezcla de borrones y huellas dactilares.

SALPICADURAS FINAS
Podrá aplicar una rociada más fina de acuarela si pasa el dedo por las cerdas de un viejo cepillo de dientes cargado de pintura. La superficie receptora puede estar enmascarada con una cinta de enmascarar de escasa adherencia.

ENMASCARAR LÍNEAS RECTAS
Si aplica la máscara líquida con el borde de un trozo de cartulina, creará líneas rectas no del todo definidas.

ENMASCARAR PUNTOS
Un cepillo de dientes mojado en máscara líquida enmascarará un dibujo de puntos… que permanecerá pegado a la superficie.

COLLAGE
Sobre unas tiras de papel recortadas de una hoja en la que se han aplicado libremente varias aguadas, puede pasarse un pincel cargado de goma arábiga.

EL RESULTADO FINAL

Collage de terreno arbolado

Después de haber ensayado algunas de las maneras menos ortodoxas de aplicar las acuarelas, ha llegado el momento de llevarlas a la práctica en la realización de una pintura.

VÉANSE TAMBIÉN:

• Tipos de máscaras, pág. 56

• Texturas y aditivos, pág. 60

• Métodos alternativos, pág. 148

Este paisaje, con la luz solar que se filtra a través de las ramas primaverales relativamente desnudas y que proyecta un retículo de sombras en el suelo, constituía todo un reto. Las sombras, combinadas con la complejidad de las herbáceas, los musgos, otras plantas y los detritos de ramillas, contribuían a formar una serie muy particular de pequeños dibujos difíciles de representar con las aplicaciones de aguada normales. Retículas similares se creaban en la maraña de las ramas de los árboles, con placas y puntos de luz del cielo azul que se extendía por detrás. Todo ello pedía a gritos algún tipo de tratamiento puntillista; así pues, las rociadas y salpicaduras eran la solución ideal.

Para maximizar las posibilidades de un tratamiento bastante agresivo –aplicar cinta de enmascarar, rascar y así sucesivamente–, elegí un papel pesado y le apliqué una generosa capa de *gesso* acrílico, y dejé que se secara a fondo antes de empezar a pintar.

TEXTURAS ATMOSFÉRICAS

Los terrenos arbolados que contienen árboles bastante grandes, así como pequeños pimpollos y sotobosque, ofrecen una excelente oportunidad para explorar diferentes texturas.

Materiales

Papel para acuarelas rugoso de 640 g/m², imprimado con *gesso* acrílico

Lápiz HB

Pinturas de acuarela: azul de cobalto, azul cerúleo, azul ultramar, negro natural, verde de ftalocianina, *gamboge*, negro lámpara

Pinturas de *gouache*: amarillo brillante, verde Winsor, blanco permanente, negro azabache, tierra de Siena natural, índigo

Pinceles: redondo mediando, chino mediano

Pluma de bambú

Máscara líquida

Cepillo de dientes viejo

Papel fino

Goma arábiga

1 Con un lápiz HB, esboce la escena. En este paisaje boscoso concreto predominan el marrón y el gris, y sólo se ve mitigado por las pequeñas manchas de azul entre los árboles. Para que pueda seguir con más facilidad la pista de dónde está el azul, marque estas áreas con la letra «B» o con una señal mientras hace el dibujo a lápiz. También puede sombrear de forma aproximada todas las áreas que van a ser muy oscuras, ya que más tarde quedarán cubiertas.

2 Prepare un color de cielo con azul de cobalto y azul cerúleo. Con un pincel redondo mediano, pinte de forma aproximada las manchas de cielo que sean visibles a través de los árboles. Prepare un verde hierba con verde de ftalocianina y *gamboge*, y pinte los verdes del suelo y en la base de los árboles. Prepare un color de suelo general mezclando tierra de Siena natural con un toque de tierra sombra natural. Haga unas cuantas pinceladas sueltas con esta mezcla en el primer término y deje secar.

3 Con la pluma de bambú, enmascare las altas herbáceas del suelo y algunas de las ramas más finas, que son más claras que sus contornos. Con un viejo cepillo de dientes, salpique máscara líquida sobre el primer término, estirando las cerdas hacia atrás con los dedos. Sea audaz: si cae algo de líquido en lugares donde no quiere que lo haga, puede borrarlo una vez esté seco. Con un pincel viejo, enmascare el cielo azul y deje secar la máscara líquida.

4 Prepare un negro pardusco intenso con azul ultramar y tierra sombra natural. Con un pincel mediano, redondo o chino, pinte las sombras debajo de los árboles con pinceladas amplias y caligráficas. Deje secar. Use el mismo color para pintar la zona sombreada de los árboles. Trabajando de forma muy suelta, introduzca algunos colores generales del follaje con mezclas de verde de ftalocianina y *gamboge*, así como con verde de ftalocianina puro. Deje secar. Retire toda la máscara líquida que no esté protegiendo las zonas de cielo azul.

5 Prepare un marrón pálido con pinturas de *gouache* tierra de Siena natural, blanco y negro, y salpíquelo sobre el primer término protegiendo la parte superior de la pintura con una hoja de papel de periódico. El objetivo consiste en cubrir la superficie del fondo con algo que se aproxime al tono correcto, pero que no deje de sugerir una textura guijarrosa. Emborrone las salpicaduras con papel para extenderlas un poco. Mezcle *gouaches* blanca y verde Winsor, así como *gouaches* índigo y negro, y salpique estas mezclas sobre el primer término.

6 Cubra la mitad inferior de la pintura con papel de periódico y enmascare los troncos más claros. Salpique una mezcla de *gouaches* verde Winsor y negro sobre los árboles para empezar a indicar el follaje. Salpique también amarillo, así como amarillo mezclado con azul. Hace falta mucho tiempo para perfilar las salpicaduras hasta la densidad deseada. Use mezclas más verdes y azules en la mitad superior de cuadro. Haga salpicaduras más grandes dando golpecitos a un pincel totalmente cargado de pintura encima del papel.

7 Prepare un marrón anaranjado muy pálido mezclando los *gouaches* blanco permanente y tierra de Siena natural, y pinte con esta mezcla las partes más claras del término anterior, dando amplias pinceladas en algunas áreas, y pequeños puntos y rayas en otros. Dé algunas pinceladas de acuarela verde esmeralda en las partes superiores de los árboles: observe el contraste de textura entre la acuarela y el *gouache*. Deje secar. Las salpicaduras son impredecibles, pero lo más importante es crear una impresión de texturas y de luz y sombra, en vez de una reproducción realista. Borre los residuos de máscara líquida sobre los troncos y el cielo.

8 Empiece a dar a los árboles algo de sustancia y de forma. Prepare un verde amarillento mezclando verde esmeralda con *gamboge*, así como un color de sombra purpúreo con índigo y azul ultramar. Pase el pincel con el verde claro por las áreas de follaje de la parte superior del cuadro y aplique una veladura opaca en el verde más oscuro por el suelo de la parte central. Utilice la mezcla de índigo para reforzar las sombras en las bases de los árboles y una versión más pálida de ésta para las sombras que se proyectan a través de los troncos.

9 Prepare un gris con azul ultramar y tierra sombra natural, y pinte los troncos más oscuros así como las marcas en los claros. Refuerce las sombras proyectadas en el suelo con los mismos colores que antes.

10 Dé un paso hacia atrás y decida cuánto más lejos tiene que ir. Yo opté por intensificar el cielo con azul de cobalto y añadir sombras a algunas de las ramas más claras.

11 Es inevitable que algunos detalles desaparezcan durante el proceso de enmascarar y salpicar, y es posible que se pierdan algunas formas interesantes que preferiría sustituir. Para anticiparse a ello, aplique algunas aguadas de colores variados a un trozo sobrante de papel bastante fino, del que, una vez seco, puede recortar algunas formas para sustituir las que había perdido en el cuadro. Aunque éstas (por lo general más claras, en concreto ramas) podían haberse pintado con *gouache*, hay algo vivificante en esas formas recortadas, que aportan otro elemento de decoración a la obra. Puede que le sea difícil encontrar este tipo de formas en esta pintura; aunque tienden a desaparecer entre la profusión de trazos, están presentes.

Recuperar causas perdidas

Esta sección trata sobre cómo hacer correcciones: qué hacer si se le resbala el pincel y pinta accidentalmente una zona del cuadro, cómo reparar un accidente con una pluma y tinta impermeable, o cómo dar un paso atrás cuando se ha ido demasiado lejos.

La cualidad misma que da a las acuarelas su especial atractivo –la transparencia– es la que hace que los errores sean difíciles de reparar. Las acuarelas progresan de lo claro a lo oscuro; invertir el procedimiento y recuperar tonos y colores más claros una vez han sido cubiertos no es fácil, a menos que se resigne a usar *gouaches* y a perder el derecho a la transparencia. Aun así, es posible «lavar» un color con agua si se procede con cuidado. Si absorbe una aguada con una toalla de papel o una tela, podrá eliminarla en gran parte a condición que lo haga inmediatamente después de haberla aplicado, antes de que empiece a secarse. También puede intentar lavar áreas con un pincel o incluso un trozo de algodón hidrófilo mojado con agua limpia. Cuanto más rápidamente intente uno u otro procedimiento después de aplicar una aguada, tanto mejor será el resultado, pero vaya con cuidado de no estropear la superficie del papel.

En superficies pequeñas, puede intentar rascar suavemente la pintura con un escalpelo o un cúter, y puede intentar rascar, asimismo, los toques de luz blancos; una vez más, trabaje con mucho

Remendar por encima
¿Qué pasa si derrama tinta negra en un dibujo de líneas y aguadas? Las pequeñas salpicaduras pueden rascarse con una cuchilla afilada, pero la gran mancha en la pared de la derecha de esta imagen es demasiado grande como para poder erradicarla sin dejar huella. Un remiendo superficial podría ser la solución.

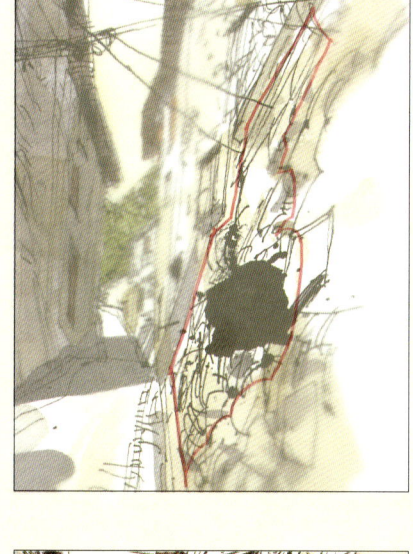

1 Primero trace una superficie en torno a la mancha, resiguiendo algunas líneas a pluma existentes. Cuantas más curvas tenga esta forma, más difícil será descubrir el remiendo.

2 Coja un trozo de papel de superficie similar pero bastante fino y córtelo con la forma de la superficie trazada. Déle la vuelta y, con un escalpelo o un cúter afilados, rebaje los bordes hasta que sean tan finos como sea posible. Como alternativa, puede emplear papel de lija fino.

3 Pegue el remiendo en su lugar. Yo utilicé un adhesivo en spray, pero cualquier otro adhesivo seguro funciona igual de bien. Si ha rebajado suficientemente los bordes, éstos serán tan finos que no captarán la luz y no se delatarán a sí mismos.

cuidado de no cortar la superficie del papel, ya que este fallo sería muy evidente, incluso después de haber pintado encima de la superficie estropeada.

Para cambios radicales, cuando necesita deshacerse de una superficie de mayor tamaño, es mejor recurrir a alguna de las estrategias que se explican a continuación. Éstas consisten en remendar (insertando los remiendos, o bien aplicándolos encima del cuadro), rascar la pintura y lavarla. Todas ellas constituyen un último recurso, pero cuando uno ha invertido mucho trabajo en crear pintura, es muy desalentador tener que abandonarla por completo; mucho mejor es intentar rescatarla, algo que puede resultar sorprendentemente satisfactorio cuando se logra con eficacia y sin dejar huellas aparentes.

4 A continuación, vuelva a dibujar con pluma y tinta, y aplique aguadas para igualar el remiendo con la pintura circundante, extendiendo el dibujo existente hasta incluir una mancha de color o dos. Es sorprendente lo difícil que resulta descubrir un remiendo de este tipo.

Cortar y remendar por encima

Una de las vistas brillantes del fondo a través de las ramas se ha pintado demasiado oscura, por lo que lavar la pintura no es una opción. Si sustituye esta superficie con un trozo nuevo de papel, podrá aplicar colores nuevos.

1 Asegure con cinta adhesiva un trozo del mismo papel con el que está trabajando en la cara inferior de la pintura. Con una cuchilla afilada, corte en torno a la superficie que quiere sustituir, cortando a través de ambas capas. Quite la superior, sustitúyala por la impoluta capa inferior y engánchela con cinta adhesiva desde debajo.

2 Ahora sólo falta pintar el remiendo tal como realmente quería que fuese. Dado que no hay bordes en él, será prácticamente invisible.

Volver a pintar la imprimación o lavar

Nunca quedé del todo satisfecho con la última fase de esta pintura sobre un fondo preparado; su alteración servirá para mostrarle cómo se puede recuperar una fase más temprana si se ha ido un poco demasiado lejos.

1 Hay dos maneras de recuperar una superficie blanca sobre un fondo de *gesso*. Una de ellas consiste en tapar las áreas en las que hay que pintar otra vez con un par de capas de la imprimación original. Ésta es la primera de estas capas, en la que todavía se transparentan las aguadas de debajo.

2 La segunda solución consiste en lavar la superficie que hay que pintar otra vez (el suelo del primer término a la derecha). La pintura puede eliminarse mucho más fácilmente de un fondo preparado no absorbente, que tolera tratamientos más agresivos que un papel sin tratar. Las áreas de la izquierda han recibido ya la primera de las nuevas aguadas.

3 Éste es el cuadro con las superficies pintadas de nuevo en tonos algo más claros. Observe que la superficie lavada conserva el dibujo o patrón de las pinceladas de la imprimación original, mientras que las áreas tapadas con dos capas tienen nuevos dibujos subyacentes. Deberá elegir el método que prefiera; personalmente, me gusta más el primero.

ÍNDICE

abadía en ruinas 122-125
abadía Tintern, Gales 122
absorción de una aguada 154
accesorios 24-25
acuarelas líquidas 13
aditivos 60-61
aerógrafos bucales 25, 60
aguadas 7-8, 26-27, 48
    en degradado 20, 27
    jaspeadas 27
    pinceles para 20
    planas 26
alcornocal 112-115
«alla prima», pintura 68
animales 88-93
ardilla, pelo de 20
azúcar 24

bambú, plumas de 61
blanco, pigmento 16
bocetos 90, 94, 96, 143
bodegón 68-79
bordes de cartulina 61, 149
botellas de agua 25

caballetes 25
cabra, pelo de 20
cajas de pinturas de bolsillo 12
calidad estudiante, pinturas de 12
cepillos de dientes 24, 60
cera (de vela) 24, 57, 58
cielos 94-99
cinta de enmascarar 24, 56
círculo cromático 40-41
collage 148, 149
    de terreno arbolado 150-153
colores 40-47
    complementarios 40, 43, 48
    composición 48
    del cielo 98-99
    duración 12
    elección 14
    equiparar o igualar 42
    mezclar 42-43, 46-47
    opacos 62
    primarios 40
    secundarios 40
    superponer 30-33, 44-45
    terciarios 43
    valores tonales 35
combado 26
composición 48-51
contraluz 100, 106, 107
correciones 154-157
cortar y remendar 156
cúter 25, 148, 154

edificios 122-133
    en un paisaje 108-111
efectos tridimensionales 36-37
equilibrio 50-51
escalpelos 25, 148, 154
escena en un interior 130-133
escena fluvial 104-107
esponjas 24
estilógrafos 23
estuches enrollables 25
estudios de insectos 88-89

fibras artificiales 20
flores 80-87
    en un jarrón de vidrio 84-87
fotografías 90, 94, 96, 142-147
frutas y verduras 68-71

gato 90-93
gente 134-141
gesso
    acrílico 72, 84, 150
    fondos de 19, 148
goma arábiga 24, 60, 149
gomas de borrar 24
grapadora 24
gouache 16, 62-65, 148

hiel de buey 24, 60
hierba 58-59
huellas dactilares 60, 61, 149
húmedo sobre húmedo 28-29

imprimación 19, 148

jaspeadas, aguadas 27

lápices 22-23
lápices solubles al agua 22
«lavar» una mancha 154, 157
limpiar pinceles 20
líneas y aguadas 130

maestros, examinar sus pinturas 9
manos 60
mar y acantilados 116-117
marinas 116-121
mariposas 88, 89
mariposas nocturnas 88
marta Kolinsky, pinceles de pelo de 20, 21
máscaras o reservas 56-59, 148, 150
máscara líquida 24, 57, 58, 112, 148, 149, 150
método de cuadrícula 84
mezcla óptica de colores 30-33, 44-45
mezclar colores 42-3, 46-47
mixtas, técnicas 62-5, 148
mochilas 25
modelos redondeados 38-39

naturaleza muerta 68-79
negro 42-43
nubes 94-97
   de tormenta 96-97

opacas, pinturas al agua 16
opaco, color 62

paisaje urbano moderno 126-129
paisajes 100-145
paletas 14-15

papel 17-19
   de dibujo 19
   estrujado 60, 61, 148
   prensado en caliente 17
   prensado en frío 17
   rugoso 17
   tensarlo 17-18
   ya montado sobre un tablero 19
pasteles solubles al agua 148
pastillas 12-13
pelos largos, pinceles de 21
perfilar un paisaje 108-11
pinceles 20-21
   de abanico 21
   de pelo corto 21
pintura desconchada 58-59
pinturas 12-15
   de calidad artística 12
playas, formas y dibujos en las 118-121
plumas 23
   con plumilla 23
   estilográficas 23
primarios, colores 40
pulverizar 60, 150
puntas de pincel 21
puntillismo 46-47

quitar el color con papeles 61

rascar para quitar 148
redondeados, modelos 38-39
remendar por encima 154-156
remiendos 154-156
reservas 56-59
retratos 134-141
   de cabeza y hombros 134-137
   de grupo 138-141
rotuladores
   de punta de fibra 23
   de punta de fieltro 23

sal 24, 60, 61
salpicar 60, 61, 148, 149, 150, 152

secundarios, colores 40
sillas 25
sombras, mezclas para 111
sombreado en líneas transversales 46
superficies 17-19

taburetes 25
techos de tejas 64-65
tejados 64-65
tela 60, 61, 148
tensar papel 17-18
teoría del color 40-41
terciarios, colores 43
texturas 60-61, 148
tintas 23, 52, 148
tira de papel engomado 24
toallas de papel 25
tonos 34-39
   efecto en tres dimensiones, 36-37
   equiparar el color con 35
   relativos 34
tormenta, nubes de 96-97
trapos 25
tridimensionales, efectos 36-37
truchas con almendras 76
tubos 12-13
tulipán, estudio de un 80-83

veladura opaca 46
vidrio y conchas 72-75
volver a pintar 156

AGRADECIMIENTOS

Pintura de la pág. 6: *Greta Bridge, Yorkshire* (acuarela sobre papel), de John Sell Cotman (1782-1842)

Cortesía del Servicio de Museos de Norfolk (Museo del castillo de Norwich), Reino Unido/Bridgeman Art Library